KB264686

# 다각화 전략은 기업가치에 어떤 영향을 미치는가?

# 다각화 전략은 기업가치에 어떤 영향을 미치는가?

최영문 著

한국학술정보㈜

# 머리말

급변하는 환경 속에 기업 가치를 극대화하기 위한 방법 중 다각화 (diversification) 전략은 중요한 경영전략의 하나로 간주되고 있다. 하지만 이러한 사업 다각화전략은 막대한 자금이 필요할 뿐만 아니라, 기존의 사업부 성과에 대한 중대한 영향을 초래할 수도 있다. 또한 새로운 사업에의 진출은 미래의 현금흐름 변동과 재무적 위험에도 영향을 미치게 되어 결국 기업가치의 변화를 초래하게 될 것이다. 지난 수년간의 연구에서, 연구자들은 기업의 다각화와 다각화로 인한 성과와의 관계를 연구함으로써 기업다각화의 가치 관련성에 관한 일관된 이론을 제시하고자 하였다. 그러나 연구기간이나 표본에 따라 그리고 연구자의 연구 방향에 따라 기업다각화의 가치 관련성에 관한 연구 결과는 상이한 결과를 도출하였고, 아직도 이에 대한 명백한 결과나 학문적인 이론을 제시하지 못하고 있다.

미국의 경우, 1960년대 후반과 1970년대 초반의 경우는 기업다각화가 기업 가치를 증가시킨다는 주장이(Lewwllen, 1971), 1980년대 이후의 경우 기업다각화는 기업 가치를 감소시킨다는 연구가 제시되었다(Lang·Stulz, 1994; Berger·Ofek, 1995; Servaes, 1996; Lins and Servaes, 1999). 그러나, 이 분야의 국내 연구는 매우 빈약하며 대부분 개별기업 차원이 아닌 기업집단을 대상으로 다각화의 경제적 효과를 분석하고 있다. 이러한 다각화의 기업가치 관련성에 대한 상이한 결과로 인하여 최근에는 대리인이론의 관점에서 다각화 동기를 찾으려는 연구가 수행되고 있다. 한편, 국내외의 기업다각화와 관련된 기존 연구의 방향은 다각화와 기업성과 사이의 관계를 분석하는 데에서 출발하여 점차 다각화 결정요인을 분석하는 방향으로 전개되었다. 이러한 다각화 전략에 관한 연구는 거의 대부분 다각화의 범위나 유형 및 방법 등에 따라 회계자료를 기초로 수익성이나 위험의 정도에 미치는 영향을 중점적으로 다루어 왔다. 한편, 1960년대 후반 이후, 기업의 전략적 의사결정에 대한 자본시장의 반응을 연구함으로써 자본시장의 효율성을 검증하고자 하는 수많은 연구가 있었지만, 기업의 다각화에 대한 자본시장의 반응을 분석한 연구는 거의 이루어지지 않고 있다.

본 연구는 먼저 국내 상장 기업을 대상으로 기업 다각화의 기업가치 관련성을 개별기업차원에서 살펴보고, 다각화이후 회계적 성과에 어떤 변화가 있는지 검증한다. 또한 외부환경의 변화에 대한 영향이 컸던 IMF 구제금융체제 전후 기간에 대한 다각화의 가치 관련성을 비교한다. 미국의 경우 과거에는 기업다각화가 기업 가치를 증가시킨다는 결과가 주를 이루었지만, 최근의 연구는 감소시키는 결과를 가져왔다. 따라서 본 연구를 통해 기업 환경변화가 심했던 최근 6년 동안 이러한 결과가 초래되고 있는지를 분석한다.

본 연구의 두 번째 주요 분석은 다각화의 동기로 대리인 문제의 관점에서 살펴보고자 한다. 기업 가치를 감소시킨다는 최근 미국의 연구 결과에도 불구하고 꾸준히 다각화를 추진하는 중요한 이유는 기업 가치를 고려하지 않은 비경제적인 목적의 의사결정의 일환으로 다각화가 추진될 가능성이 있다. 그래서 최근에 관심이 고조되고 있는 대리인 문제의 관점에서 한국기업의 다각화 전략을 분석하였다. 마지막으로 기업의 다각화 공시에 대한 자본시장의 반응을 살펴봄으로써 다각화의 가치 관련성과 자본시장의 효율성을 검증하고자 한다. 기존 연구는 기업집단을 연구대상으로 다각화의 유형을 고려하지 못한 반면, 본 연구는 개별기업 차원의 사업다각화를 분석대상으로 다각화 유형별 성과를 분석하고, 지분소유유형을 세부적으로 구분하여 실증모형에 활용하고 있다는 점이 기존 연구와 차별화 된다.

본 논문의 구성은 다음과 같다.

제Ⅰ장에서는 서론, 제Ⅱ장에서는 다각화의 정의와 선행연구를 살펴보고, 제Ⅲ장에서는 연구가설, 제Ⅳ장은 변수측정, 실증분석방법, 표본기업선정을 그리고, 제Ⅴ장에서는 변수의 기술통계 및 실증분석결과를 제시하였다. 제Ⅵ장은 본 연구 결론을 제시하였다.

그리고 이 책의 구성 내용 및 표현에 대해서는 부족한 점이 많음을 스스로 인식하고 있으며, 미비한 점에 대해서는 계속적인 연구를 통하여 수정 및 보완할 것을 약속한다. 기업 다각화에 대한 연구에 관심이 있는 독자를 위해 조금이나마 도움이 되었으면 한다.

마지막으로 이 책이 나오기까지 물심양면으로 도움을 주신 가족들과 한국학술정보㈜의 채종준 사장님이하 관계자 여러분께 감사의 말씀을 전하고 싶다.

저자 최영문

# 목  차

# 그림 목차

# I. 서 론

## 제1절 연구목적 및 연구동기

끊임없이 변화하는 경제 환경 속에서 기업은 다른 기업에 비해 경쟁우위를 확보함으로써 장기적인 생존과 성장을 추구하며, 기업가치를 극대화하기 위한 부단한 노력을 하고 있다. 이러한 불확실한 상황에서 기업이 취할 수 있는 전략은 다양하지만, 사업 또는 경영다각화(diversification) 전략은 지금까지 중요한 전략의 하나로 간주되고 있다.

다각화(diversification)란 일반적으로 하나의 기업이 이종산업 또는 새로운 시장에 진입함으로써 서로 다른 다수의 사업을 영위하는 것으로 정의될 수 있다. 예를 들어, 제조업을 주된 사업으로 하는 기업이 건설업이나 부동산임대업 등과 같은 사업을 함께 영위한다면 이 기업은 다각화된 기업이라고 할 수 있다. 이렇게 기업이 다수의 사업부를 영위하기 위해서는 막대한 자금이 필요할 뿐만 아니라, 기존의 사업부의 성과에 대한 중대한 영향을 초래할 수도 있다. 또한 새로운 사업에의 진출은 미래의 현금흐름에 변화를 초래할 것이며, 기업이 처한 재무적 위험에도 영향을 미치게 되어 기업다각화는 결국 기업가치에 영향을 미치게 될 것이다.

이러한 다각화의 기업가치에 관한 논쟁에 따르면, 다각화는 기업의 위험을 분산시켜 기업가치를 증가시킬 수 있는 반면에(Khanna; 2000), 기업의 자원을 핵심사업과 관련이 없는 사업부문에 비효율적으로 투자하여 기업의 가치를 하락시킬 수도 있다(Denis, Denis, Sarin; 1997).

　지난 수년간의 연구에서, 연구자들은 기업의 다각화와 다각화로 인한 성과와의 관계를 연구함으로써 기업다각화의 가치 관련성에 관한 일관된 이론을 제시하고자 하였다. 그러나 연구기간이나 표본에 따라 그리고 연구자의 연구방향에 따라 기업다각화의 가치 관련성에 관한 연구결과는 상이한 결과를 도출하였고, 아직도 이에 대한 명백한 결과나 학문적인 이론을 제시하지 못하고 있다.

　미국의 경우, 1960년대 후반과 1970년대 초반의 경우는 기업다각화가 기업가치를 증가시킨다는 연구결과가 주를 이루었고, 1980년대 이후의 경우 기업다각화는 기업가치를 감소시킨다는 주장이 다수였다.

　그러나 국내에서의 다각화에 대한 연구는 다소 빈약한 편이며, 국내 연구의 대부분은 기업집단을 대상으로 다각화의 경제적 효과를 분석하였다. 미국의 연구결과와 마찬가지로 다각화에 대한 일관된 결론을 제시하지 못하고 있으며, 국내 연구는 상대적으로 개별 기업차원에서의 연구는 거의 이루어지지 않고 있다.

　한편 국내외의 기업다각화와 관련된 기존연구의 방향은 다각화와 기업성과 사이의 관계를 분석하는 데에서 출발하여 점차 다각화 결정요인을 분석하는 방향으로 전개되었다. 이러한 다각화 전략에 관한 연구는 거의 대부분 다각화의 범위나 유형 및 방법 등에 따라 회계 자료를 기초로 수익성이나 위험의 정도에 미치는 영향을 중점적으로 다루어 왔다. 한편 Ball & Brown(1968)의 연구 이후, 기업의 전략적 의사결정에 대한 자본시장의 반응을 연구함으로써 자본시장의 효율성을 검증하고자 하는 수많은 연구가 있었지만, 기업의 다각화에 대한 자본시장의 반응을 분석한 연구는 거의 이루어지지 않고 있다.

　최근에는 다각화의 동기를 대리인의 관점에서 파악하려는 연구가 많

이 진행되고 있다. 그러므로 다각화의 동기를 대리인 이론의 관점에서
분석해 볼 필요가 있다. 즉, 경영자는 자신의 사적 이익을 추구하기 위
해 다각화 전략을 추구할 수 있다는 가능성을 분석할 수 있다. 이를 보
다 구체적으로 설명하는 방법은 경영자 소유지분과 다각화변수 간에
어떤 관계가 존재하는지 측정하는 방법이 이용되고 있지만 이의 관계
가 아직까지 명확하게 설명되고 있지 않다.

본 연구에서는 먼저 국내 상장기업을 대상으로 기업다각화의 기업가
치 관련성을 개별 기업차원에서 살펴보고, 다각화 이후 회계적 성과에
어떤 변화가 있는지 검증한다. 또한 외부환경의 변화에 대한 영향이 컸
던 IMF 구제금융체제 전후기간에 대한 다각화의 가치 관련성을 비교
한다. 미국의 경우 과거에는 기업다각화가 기업가치를 증가시킨다는 결
과가 주를 이루었지만, 최근의 연구는 감소시키는 결과를 가져왔다. 따
라서 본 연구를 통해 기업 환경 변화가 심했던 최근 6년간에도 이러한
결과가 초래되고 있는지를 분석하고자 한다.

본 연구의 두 번째 주요 분석은 다각화의 동기로 대리인문제의 관점
에서 살펴보고자 한다. 기업가치를 감소시킨다는 최근 미국의 연구결과
에도 불구하고 꾸준히 다각화를 추진하는 중요한 이유는 기업가치를
고려하지 않은 비경제적인 목적의 의사결정의 일환으로 다각화가 추진
될 가능성이 있다. 그래서 최근에 관심이 고조되고 있는 대리인문제의
관점에서 한국기업의 다각화 전략을 분석하였다.

마지막으로 기업의 다각화 공시에 대한 자본시장의 반응을 살펴봄으
로써 다각화의 가치 관련성과 자본시장의 효율성을 검증하고자 한다.

본 연구의 실증분석을 위해 기업의 다각화 초과가치에 영향을 미치
는 것으로 알려진 변수를 선정하여 회귀분석을 실시하였다. 한편 자본

시장의 반응을 검정하기 위하여 다각화 공시를 한 기업을 대상으로 다각화 공시 전후의 기간 동안 비정상 초과수익률을 계산하였고, 다각화의 유형을 관련과 비관련으로 구분하여 비교하였다.

본 연구결과 미국의 경우와 마찬가지로 다각화는 기업가치를 감소시키는 것으로 나타났다. 특히 기업규모가 크고, 부채비율이 높고, 영업활동으로 인한 현금흐름의 변동이 큰 기업이 다각화를 추진할수록 기업가치는 더욱 감소하는 것으로 나타났다. 그리고 3개년씩 부기간으로 구분한 결과 1996년부터 1998년(제1부기간)의 3개년 동안에는 평균적으로 다각화로 인한 기업가치의 증가를 나타냈고, 1999년부터 2001년(제2부기간)의 3개년 동안은 기업가치의 감소한 것으로 나타났다. 그러나 제1부기간의 경우 증가폭은 미미했던 반면, 제2부기간의 감소폭은 지속적인 급한 기울기를 가지는 것으로 나타났다. 또한 다각화 이후의 회계적 성과치(ROE)도 감소하는 것으로 나타나 최근 국내 기업의 다각화는 기업에 부정적인 효과를 초래하는 것으로 나타났다.

한편 대리인문제의 경우 소유지분이 소유경영자에게 집중도가 높을수록 다각화 초과가치는 증가하는 것으로 나타나 소유집중도가 높은 기업의 다각화는 기업가치를 증가시키고, 소유집중도가 낮은 기업의 다각화는 대리인의 문제를 초래하여 기업가치를 감소시키는 것으로 나타났다.

마지막으로 시장반응을 분석한 결과, 비관련다각화의 경우 관련다각화보다 상대적인 기업가치 감소효과가 적은 것으로 나타나, 투자자들은 기업의 다각화 유형 중 비관련다각화에 대해 보다 더 긍정적인 반응을 보이고 있는 것으로 분석되었다. 이는 다각화의 효과로 시너지효과나 시장 확장효과보다는 위험분산의 효과를 더 선호하는 것으로 분석된다.

이상의 연구결과를 종합하면, 최근 한국기업의 다각화는 기업가치를 감소시키는 결과를 초래하였고, 자본시장에서의 반응도 동일하게 나타났다. 특히 기업규모가 크고, 부채비율이 높고, 영업활동으로 인한 현금흐름의 변동이 크며, 지분이 소유경영자에게 집중된 비율이 낮은 기업이 다각화를 추진할 경우 기업가치는 더 감소하는 것으로 나타났다. 그리고 다각화의 유형 면에서는 비관련다각화를 추진하는 경우가 관련다각화에 비해 더 높은 효과를 보이는 것으로 나타났다.


# 제2절　이 책의 구성


이 책의 구성은 다음과 같다.

제Ⅰ장에서는 문제제기 및 연구목적, 제Ⅱ장에서는 기업다각화와 관련된 이론적 고찰과 선행연구를 검토하고, 제Ⅲ장에서는 연구가설을 설계하고, 제Ⅳ장에서는 변수에 대한 정의와 측정, 실증분석방법, 표본기업의 선정 등 연구 설계를 하였다. 그리고 제Ⅴ장에서는 제Ⅲ장과 제Ⅳ장에서 설계한 연구방법에 따라 실증분석을 실시하고, 그 결과를 해석하여 기업다각화가 기업가치에 미치는 영향을 분석하였다. 마지막으로 제Ⅵ장은 본 연구의 연구결과에 따라 결론을 제시하고 있다.

# Ⅱ. 이론적 고찰 및 선행연구

## 제1절 기업다각화에 대한 이론적 고찰

우리나라의 경우 주로 대기업집단에서 이루어지고 있는 기업다각화 (diversification)는 '새로운 시장에서 새로운 제품을 바탕으로 하는 경영 영역의 확장'으로 정의될 수 있다. 국내 경제성장과 함께 성장해온 대기 업집단은 주로 개별 기업이 가진 고유의 위험을 극복하기 위한 노력의 일환으로 기업다각화를 추진해 왔다. 이런 다각화 과정에서 필연적으로 수반되는 기업 간의 내부거래는 수직거래와 그 이외의 목적의 거래로 양분된다. 후자의 경우, 동일 집단에 속하는 기업 간의 이익추구 활동으 로 실질적인 상호 보조금지급(cross subsidization)효과를 갖는 특징을 갖는다. 내부거래의 경제적인 효율성 측면은 논란의 여지가 많지만, 수 직적 통합 이외의 내부거래에 대해서는 부정적 기능이 더 크다는 견해 가 지배적이다.

본 절에서는 기업다각화의 정의와 목적 그리고 그 효과와 현행법상 의 사업부에 대한 재무정보의 보고에 관한 규정 등 기업다각화와 관련 된 이론적인 부분을 살펴보도록 한다.

### 1. 다각화의 정의

다각화에 대한 정의는 연구자의 관점이나 연구목적, 그리고 분석방법에 따라 매우 다양하게 나타나고 있으며, 그 의미가 확대 해석되는 방향으로 새로이 정의되고 있다. 즉, 다각화란 일정한 시장에서 재화나 서비스를 공급하는 기업이 신시장에 진출하는 활동을 의미하며, 이때 시장을 상품시장에 한정하면 신제품에 의한 신시장 진출로 다각화를 정의할 수 있고, 시장을 지역이나 소비계층 등으로 의미를 확대하면 다각화를 지역·소비자에 대한 새로운 접근으로 그 의미를 확대하여 정의할 수 있다.

이에 이전의 연구자들이 제시하는 다각화가 무엇인지 살펴봄으로써, 본 연구의 목적에 맞는 다각화의 정의를 내리는 것이 필연적일 것이다.

다각화 연구의 시초라고 할 수 있는 Ansoff(1965)[1]의 연구에서 다각화는 "제품-시장매트릭스를 이용하여 새로운 제품을 가지고 새로운 시장에 진입하는 경우"로 정의하고 있다. 그 외의 경우, 예컨대 기존제품의 기존시장 진출(시장침투), 기존제품의 신시장 진출(시장개척), 신제품의 기존시장 진출(제품개발) 등은 확대전략으로 다각화와 구분하였다. Steinter(1969)[2]는 다각화란 새로운 제품종류, 공정서비스 내지는 시장에 진출하는 것이라고 보았으며, Gort(1962)[3] 제품-시장의 조합으로 기업이 제공하는 제품의 이질성 개념에 입각하여 다각화를 정의하고 있다. Berry(1974) 역시 산업의 이질성에 기초하여 "기업이 활동하는 산업수의 증가"를 다각화로 정의하고 있다. Kamien & Schwartz(1975)도 "어떤 한 산업 내의 기업이 다른 산업의 제품으로 분류된 제품을

---


1) Ansoff, H. I., "Corporate Strategy, McGraw-Hill Book Company", 1965, p.128.
2) Steinter, G. A., Strategic Factors in Business Sucess, New York: Financial Executives Research Foundation, 1969.
3) Gort, M., Diversification and Integration in American Industry, Princeton University Press, 1975.

생산하는 정도"를 다각화라고 정의하고 있다.

이처럼 초기 다각화에 관한 연구들은 기존의 주어진 산업 또는 시장에서 이질적인 새로운 산업 또는 시장으로의 접근을 다각화라고 정의하고 있다.

반면에 Rumelt(1974)[4]는 산업이라는 용어 대신 사업(business)이라는 용어를 사용하여 "기업이 상이한 사업을 동시에 수행하는 정도"를 다각화라고 하였다. 사업이란 용어 및 정의의 사용은 외부의 분석가가 아닌 기업 내부의 관점에서 본 것으로 다각화의 측정에 보다 더 많은 주관성을 허용하게 되었으며, 이는 Rumelt의 연구에서 독립사업단위(discrete business unit)로 정의된 바 있다.

한편 국내 연구의 다각화 정의를 살펴보면 다음과 같다. 김종호(1988)는 "기업이 종래 운영하고 있는 업종 이외의 새로운 업종에 진출하여 이를 동시에 운영함으로써 시장의 이질성 증대를 가져오는 것"으로 정의하고 있으며, 이종한(1990)은 "기존의 사업과는 무관한 새로운 사업 분야로의 진출"을 다각화로 정의하고 있다. 이는 Rumelt(1974)식의 사업의 이질성의 개념과 유사한 개념이라고 볼 수 있다. 정구현(1991)[5]은 다각화란 기업이 기존제품이나 시장과 무관한 사업으로 진출하는 활동이라고 하였다. 또한 신유근(1993)은 기업전략을 정의하면서 다각화 전략을 기업전략의 한 부문으로 보고 있다. 그에 따르면 기업전략이란 기업이 사업부문을 결정하고 이들 사업부문을 종합하는 데 초점을 두는 것으로, 상이한 사업들을 효과적인 포트폴리오로 통합하는 전략을 의미한다. 따라서 다각화란 기존사업부문으로부터 새로운 시장, 새로운 상품 등을 통

---

4) Rumelt, R. R., 1974, Strategy, Structure and Economic performance, Harvard University Press, Cambridge. MA.
5) 정구현, 1991, "한국기업의 다각화 전략과 국제경쟁력", 한국경제연구원.

해 새로운 사업부문으로 진출하는 것으로 정의된다.

이상의 다각화 정의와는 달리, 본 연구에서는 한국표준산업 분류표의 중분류 기준에 해당하는 사업을 둘 이상 영위하고 있는 기업을 다각화기업이라고 정의한다. 이러한 정의에 합당한 기업의 다각화 여부는 기업이 공시한 사업보고서와 감사보고서에 독립된 사업부로 그 내용을 공시한 사업부 중 전체 기업에 대해 단일사업부의 매출액이 10% 이상인 사업부를 독립된 단일사업부로 분류하였다. 이러한 단일사업부가 둘 이상인 경우 다각화기업으로 정의한다. 사업보고서나 감사보고서 이외에도 증권거래소 공시 자료상의 사업부 변동이 있는 경우에도 다각화 여부를 판정하는 데 고려하였다. 한편 다각화기업 중 영위하는 사업부의 산업분류가 한국표준산업 분류표 중분류 기준에서 동일한 분류코드를 사용하면 관련다각화로, 상이한 분류코드로 분류되면 비관련다각화로 정의한다.

## 2. 다각화의 동기 및 목적

기업은 지속적인 성장과 수익성 증대, 기업이 운영하는 사업의 위험의 최소화, 또는 현재 운영하고 있는 사업 분야에 새로운 기업이 진출하는 것을 막기 위해서 다각화 전략을 추구한다. 이러한 합리적인 목적 외에도 한편으로는 경영자 자신의 이익을 추구 등 비합리적인 목적으로도 추진되기도 한다.

Fowler가 주장하는 다각화의 동기를 살펴보자. 첫째, 전문화된 제품라인을 가진 기업이 현시장만으로 기업의 성장을 유지할 수 없을 경우, 둘째, 현재의 사업 분야에서 고수익성 사업의 수익성이 증가할수록 다각화의 시기가 가까워진다고 할 수 있다. 제품은 일정한 수명주기를 갖고 있기 때문에 일정한 시기가 경과하면 퇴출기에 접어들게 된다. 셋째, 전문화 기회가 계속 존재하고 과거의 목표가 달성되었다 하더라도 보유현금이 전문화에 필요한 자금을 상회하여 다각화에 충분한 자금이 있을 때 다각화를 추구할 수 있다. 넷째, 비록 현재의 목표가 전문화를 통해서도 달성가능하나 다각화에 의한 수익성이 전문화의 수익성을 능가할 수 있다고 판단되면 다각화를 할 수 있다. 다섯째, 전략적 의사결정에 이용할 수 있는 정보가 전문화와 다각화의 대안 중에서 결정적인 선택을 위한 비교가 가능할 정도로 신속성을 갖고 있지 못할 때 다각화를 선택할 수 있다.

이렇게 기업이 다각화를 추구하는 목적은 다양하지만 현실적으로는 이런 목적들이 개별적으로 고려되는 것이 아니라 복합적으로 작용하여 다각화 전략을 추진한다고 할 수 있다. 이러한 다각화 전략의 목적 중 중요한 몇 가지를 살펴보자.

### (1) 수익성의 증대

Penrose(1952)에 따르면 기업의 기존사업이나 시장에서 유보된 잉여자원은 다각화 결과 새로이 확대된 사업이나 시장에서 활용할 수 있게 된다고 한다. 즉, 다각화 전략을 이용하여 잉여자원의 효율성을 증진시키면 기업은 성장하고 그 규모가 커지며, 규모의 경제(economic of scale)가 실현되어 종업원의 잠재적 능력이나 기능은 물론 유휴설비 등과 같은 인적, 물적인 잉여자원을 활용함으로써 성장의 이익을 실현시킬 수 있다는 것이다.

예컨대, 기업이 생산하는 모든 제품은 도입, 성장, 성숙, 쇠퇴라는 제품수명주기의 여러 단계를 거치기 때문에 한 가지 제품의 생산에만 전념하게 되면 그 제품에 대한 시장수요의 감소와 더불어 기업의 성장은 한계에 도달하고 경쟁력을 잃게 된다. 따라서 기업은 제품 다양화를 통해 시장지배력의 강화 및 시장변화에 따른 적응력을 높이며 경영자원을 동시에 이용하여 장기적 성장을 도모하게 된다.[6]

또한 특정산업 또는 제품이 신기술 개발이나 소비자 욕구 변화 등으로 인해 쇠퇴기에 접어들 때 시장다각화를 통해 시장수요의 지속적인 이용을 가능하게 하면 기업에게 성장 기회를 제공할 수 있게 된다. 물론, 모든 다각화가 기업의 성장을 가져오는 것은 아니다. 제품수명주기, 산업의 유망성 및 기존의 경영자원의 계속적 이용 등을 고려한 다각화만이 기업의 성장을 이룩할 수 있는 방안이 된다.

### (2) 위험의 감소

기업이 다각화를 수행하는 목적 중 하나는 기존환경에서 야기되는 위험을 다각화에 의하여 복수의 사업에 분산시킴으로써 총위험 또는 수익에 있어서의 변동성을 감소시키고자 하는 데 있다. 그러나 일반적으로 수익성에 대한 정보가 불확실하고 기업의 위험 측정능력 또한 불완전하기 때문에 위험의 감소는 목표로써 보다는 수익성의 극대화에 대한 제약조건으로 받아들여지고 있다.(Alchian; 1951, Fisher & Hall; 1969)

포트폴리오 이론은 포트폴리오를 구성하는 개별 유가증권의 수익흐름 간의 상관관계가 부(-)가 되거나 개별 유가증권이 차지하는 가중치가 적어질수록 포트폴리오 내의 위험이 감소한다는 이론을 제시하고 있다.(Markowitz; 1959) 이러한 포트폴리오 이론에 의하며, 기업은 다각화함으로써 이질적으로 구성된 기업들의 파산위험을 줄일 수 있고 경영자는 고용위험을 줄일 수 있게 된다.[7]

---

6) 김복기, 기업의 다각화 전략이 경영성과에 미치는 영향에 관한 연구, 서울대학교 대학원 석사학위논문, 1984, pp.6-7.

조직이론 중에서 자원의존 이론도 위와 같은 이론을 전개하고 있다. 즉, 조직에서 필요로 하는 제반자원을 특정 환경에 의존하면 비대칭적인 교환관계에서 비롯된 지배–피지배 관계가 형성되어 조직의 생존이 불확실해 진다. 따라서 특정 환경에 대한 자원의존도를 낮추기 위해서는 가능한 한 기존의 환경과 관련성이 낮은 환경으로 다각화하는 것이 조직의 생존가능성을 높이는 데 바람직하다는 것이다.

전략경영 분야 연구에서도 기업이 다각화를 추구하는 목적은 시장의 침체나 기술낙후 등으로 악화되는 환경으로부터 탈피하여 기업의 유연성을 유지하기 위한 것이라고 주장한다. 기업은 특정산업 또는 시장지역에 대한 투자집중도를 낮춤으로써 그 산업이나 시장으로부터 발생하는 여러 가지 위험을 축소하여 기업 전체의 위험을 줄일 수 있다는 것이다.(Weston & Mansinghaka; 1971, Rumelt; 1974)

### (3) 진입장벽의 강화

다각화의 또 다른 목적은 다각화를 통하여 다른 기업이 참여할 수 없도록 진입장벽을 높인다는 것이다. 이러한 다각화된 기업은 약탈적 가격인하 능력(the potential for predatory pricing)과 수익성이 높은 제품에 대한 정보의 은닉으로 진입장벽을 형성할 수 있다.

약탈적 가격인하란 다각화기업이 참여하고 있는 유망 분야에 새로운 기업이 참여할 것으로 예상되면 제품가격을 생산원가 이하로 인하시켜 신규 참여예상기업에 대해 진입장벽을 높인다는 것이다. 그리고 제품가격을 인하한 사업부의 적자는 다른 사업부의 교차보조(cross subsidization)를 통하여 상쇄시킨다.

---

7) Amit, R., J. Livnat, "Diversification and the risk-return tradeoff", *Academy of Management Journal*, 1988, Vol. 31, pp.154-166.

　수익성이 높은 제품에 대한 정보은닉이란 한 제품을 생산하는 기업의 수익성이 좋다면 재무제표상 그 기업의 수익성이 나타나게 되어 신규기업의 시장진입을 유발시킬 수 있다. 그러나 다각화기업의 경우, 특정품목의 수익성이 높아도 재무제표에 나타나는 것만으로는 특정제품의 수익성을 알 수 없게 된다. 따라서 취급품목 중에서 수익성이 높은 분야에 새로이 참여하려는 기업에 대하여 정보은닉으로 진입장벽을 높일 수 있다.

### (4) 비합리적 목적

　앞에서 언급한 다각화 목적은 대부분 대기업이 안정적 성장을 추구하기 위해서 합리적 계산하에 다각화를 추진하는 경우라고 할 수 있다. 그러나 현실에서는 때에 따라서 비합리적이거나 또는 충동적 요인에 의해서 이루어지는 경우도 있다. 예를 들어, 기업경영자의 성격, 동일업종 내의 타 기업과의 단순한 경쟁심, 또는 기업의 자유의지와는 관계없는 정치적·제도적 요인 등 경제외적 요인에 의해서도 이루어지는 경우도 있다.

## 3. 다각화의 효과(효용과 비용의 관점)

　다각화 유인으로서의 다각화의 효용은 내부시장 창출효과와 거래비용의 절감, 세제상의 혜택 및 기타 재무상의 혜택, 대리인문제 측면의 경영자의 효용으로 요약된다.

　첫째, 내부시장 창출효과이다. 다각화는 내부시장을 창출하여 외부자본시장에 대한 감시의 필요성을 줄이고, 외부시장에 대해 정보 불균형을 감소시킴으로써 효용을 얻을 수 있다. 즉, 여러 가지 사업부를 가진 기업들은 기업 내부의 정보에 있어 우위를 가지므로, 외부 자본시장에 정보를 주지 않으면서 성장이 낮은 사업부에서 높은 사업부로 현금흐름을 이동시킬 수 있다.

둘째, 거래비용 절감효과이다. 기업이 다각화하는 원인을 거래비용적 측면에서 살펴보면, 기업활동에 있어서 소요되는 제반 비용은 다각화를 함으로써 감소되는 효용을 의미한다. 기업이 속한 시장이 불완전시장인 경우, 그 불완전성이 크면 클수록 거래비용이 크게 나타난다. 이런 불완전시장에서 일어나는 거래들을 내부화하여 거래비용을 줄인다는 것이 범위의 경제에 따르는 시너지효과라고 할 수 있다. 기업이 가지는 공통의 판매망, 공통의 연구기술, 정보 수집력을 가지면, 각각의 사업부에 이전되어 시너지효과를 창출할 수 있다. 기업이 가진 기업 특유의 자산, 즉 브랜드명, 경영기술, 소비자의 상표인지도 등을 이용하여 얻을 수 있는 효용이 있을 때에도 거래비용을 감소시키는 다각화의 효용이 존재한다. 이런 자산들은 외부화시켜 시장에서 구체적으로 거래되기 어려운 자산들로 다른 자산에 이전시켜 활용함으로써 기업의 성과에 기여할 수 있다.

셋째, 세제상의 혜택 및 다른 재무적 효용측면이다. 다른 업종에 진출하여 여러 종류의 사업부들을 가지면, 포트폴리오를 보유한 효과를 낼 수 있다. 따라서 경기변동이나 특정업종이 가지는 위험과 같은 기업의 체계적인 위험을 감소시킴으로써 현금흐름의 안정성을 추구할 수 있다. 또 다각화하는 경우 기업의 규모가 커지면 부채 수용능력이 커지고, 따라서 부채로 인한 세금 감소효과를 누릴 수 있다.

마지막으로 대리문제 측면의 경영자 효용이다. 투자자인 주주와는 상반되는 개념인 대리인으로서의 경영자는 분산 불가능한 '고용위험(Employment risk)' 즉, 사업상 위험, 전문경영인으로서 명성을 잃을 위험 등을 줄이고자 다각화를 한다. 전통적인 관점에서 경영자가 기업의 다각화를 통해 결합된 기업의 형태를 위하여 포트폴리오 분산과 같은 효과를 냄으로써 기업의 위험을 낮추려는 경영자의 효용추구 측면에서 행해진다고 했다. 그러나 완전 자본시장에서 주주는 Homemade Portfolio를 구성하여 원하는 수준의 위험도를 갖는 포트폴리오를 구성할 수 있으므로, 다각화를 통한 위험의 감소는 주주의 효용을 증대시키지 못한다.

거래비용이 존재하는 불완전 자본시장에서도 다각화의 동기로 기업의 위험감소는 설득력이 적다. 왜냐하면 현대 자본시장에는 상대적으로 낮은 거래비용으로 잘 분산된 포트폴리오를 구성할 수 있다. 더욱이 기업의 현금흐름의 분산을 줄여주는 사업은 주주의 부를 채권자에게로 이전시킨다는 사실이 실증 연구에서도 잘 나타나고 있다.

따라서 경영자들이 다각적 합병을 추구하는 다른 이유들을 생각해 볼 수 있는데, 경영자우위와 대리비용모형에 대한 Amiud & Lev(1983)의 논문에서 다각적 인수합병을 통한 다각화는 고용위험을 감소하기 위함이라고 했다. 이때 경영자를 경영 인적 자본으로 간주하고, 고용위험을 줄이기 위한 경영자의 행위에 따르는 다각화가 그들에게 주는 효용은 대리비용이 된다.

경영자의 소득은 전체 임금의 많은 부분을 차지하는데, 경영자의 소득은 기업의 소득 분배계획, 보너스 제도, 스톡옵션의 가치와 밀접하게 관련이 되어 있다. 따라서 경영자의 소득 변동성(위험)은 기업의 위험과 많은 관련이 있다. 예상된 목표만큼 성과를 달성하는 데 실패했거나, 심한 경우에 파산에 이르면 경영자는 현재의 직위를 잃어버릴 수도 있으며, 그들이 미래에 전문경영인으로서 활동하는 데도 위험이 따른다. 이런 고용의 위험은 주식과 같은 소득의 원천과는 성격이 다른 것으로, 인적시장에서의 거래문제이다. 즉 전문 경영자들은 자신들이 고용한 주주를 선택할 수 없으므로, 개인적으로 주주의 포트폴리오를 형성하여 분산할 수 없는 위험을 가진다. 그러므로 경영자는 다각화와 같은 방법으로 고용위험을 회피하고자 하는데, 이는 기업의 현금흐름을 안정화시키고, 파산과 같은 치명적인 사태를 방지하기 위함이다. 그래서 다각화를 하면, 투자자에게 명확하게 이익이 되진 않더라도 자본시장을 통해 분산이 불가능한 위험을 줄여서 자신들의 효용을 누리고자 한다. 따라서 경영자는 다각화를 통해 안정된 현금흐름을 갖고자 한다.

한편 다각화의 비용은 다각화로 인해 발생하는 비효율성이나 기회비용을 의미하며, 이러한 이유로 업종 전문화를 한다. 업종 전문화를 하는 기업들의 특징은 과도하게 다각화되어 있어서 수익성 저하와 시장가치 하락이라는 비효율성의 문제점을 안고 있다는 것이다. 업종 전문화는 관련사업부문의 인수나 합병, 비핵심 사업부의 매각 또는 자산 처분을 통해 일어난다.

이러한 다각화 비용과 관련된 내용을 좀 더 자세히 살펴보면 다음과 같다.

먼저 대리비용상의 문제이다. 경영자는 주주의 부보다도 자신의 개인적인 효용을 추구하기 위해 다각화를 한다.(Hoskisson & Turk, 1990)[8] 경영자의 다각화에 대한 유인을 대리비용의 관점에서 봤을 때, 대리비용을 둘러싼 양 측(경영자와 주주)이 기대효용을 극대화한다는 것을 가정했을 때, 경영자는 반드시 유리한 쪽으로 행동하는 것은 아니기 때문이다. 경영자의 다각화를 통한 위험 감소의 효용은 경영자의 효용이라고 볼 수 있다. 주주 부의 감소 즉, 합병에 드는 비용, 주주의 부가 채권자에게로 이전될 가능성 등은 대리비용이 된다.(Jensen & Meckling, 1976)[9] 경영자의 위험회피 동기로 인한 다각화는 대리비용

---

8) Hoskisson, R. E., &Turk, T. A, 1990, "Corporate restructuring: Governance and control limits of the internal capital market".

문제를 일으키면서 주주와 경영자 간의 갈등을 유발시킨다. 이는 다각적 합병이 주주에게 그다지 이득을 주지 못한다는 실증 연구와도 일치한다.

또한 다각화를 하기 위해 새로운 경영자를 모집, 훈련, 동화시키는 데 장기적인 비용이 든다. 또 기존의 경영자들이 계속해서 다각화 이후에도 경영을 할 때, 기존사업에 적용하던 경영원리로 전략상 창출하는 신규사업에도 적용시킨다면, 비효율성이 발생한다.(Prahalad & Bettis)[10] 이러한 경영자의 자질문제도 다각화로 인한 비용으로 고려해야 한다.

한편 대리 이론에서 경영자와 소유주 간의 관계는 서로 상충적인 함수 관계이다. 즉, 경영자는 기업의 계속적인 규모 확장을 추구하는 반면, 주주는 주가의 극대화, 수익성의 극대화를 추구한다. 이런 문제는 경영자가 기업자금의 배분에 있어 막강한 관리능력을 갖고 있는 경우, 주주에게 그 효용을 되돌려 주기보다는 수익성이 없는 프로젝트일지라도 기업의 성장이나 규모증대를 위해 투자하고자 한다. 투자하는 것보다 더 많은 내부의 현금흐름을 갖는 성숙산업일수록 경영자에 의한 과도한 다각화의 현상이 잘 나타난다.

Jensen은 유보이익은 외부의 감시 없이 사용하기가 쉽기 때문에 상대적으로 낮거나 부($-$)의 수익률을 나타내는 사업에도 사용될 가능성이 높다는 주장을 검증하기 위해 유보이익으로 조달된 프로젝트 파이낸싱의 수익률과 그렇지 않은 경우(외부에서 자금을 조달하여 프로젝트 파이낸싱 하는 경우)의 수익률을 비교하여 검증하였다.

경영자의 다각화에 대한 유인은 대리비용의 관점에서 볼 수 있는데, 경영자의 다각화를 통한 위험감소의 효용은 경영자의 효용이라고 볼

---

9) Jensen, M. C., & Meckling, W. H., 1976, "Theory of the Firm: Managerial behavior, agency costs and ownership structure".

10) Prahalad, C. K., & Bettis, R. A., 1986, "The Dominant logic: A new linkage between diversity and performance".

수 있으며, 여유 현금흐름을 많이 보유하고 있을 때 경영자에 의한 다
각화의 가능성은 커진다. 이렇게 여유 현금흐름 또는 여유 자산의 존재
로 인해 발생할 수 있는 다각화 정도가 커지면, 다각화 비용이 증가 -
다각화 효용이 감소 - 한다.(Montgomery & Warnerfelt, 1988)[11]

다음은 다각화로 인한 규모의 비경제에 따른 조정비용의 문제이다.
다각화로 인해 조직이 복잡해지고, 규모가 증대되면 각각 사업부서 간
을 수평적 또는 수직적으로 조화시키고 내재적인 기업의 계층구조 증
대로 인한 규모의 비경제성을 줄이기 위해 조정비용이 든다. 직관적으
로 거래비용을 고려하지 않는다면, 기업의 규모 성장에 대한 한계가 존
재한다. 조정비용은 기업의 다각화 수준에 대해 U형을 그리며, 그렇지
않다면 세상에는 단일사업부제를 가진 거대기업만이 존재할 것이다. 또
제한된 관리만이 가능하므로, 조정비용과 조정으로 인한 관리능력 간의
부조화 때문에 비용이 효용을 초과하는 비효율성이 발생한다. 비관련다
각화의 경우, 사업부문 간의 관련성이 적으면 부문 간의 중재와 인력관
리에 있어 본부의 감시와 통제가 어려워지고, 부문 간의 조화에 있어서
비효율성이 발생한다.

마지막으로 정보상의 비효율성으로 인해 발생하는 비용이다. 최고 경
영자는 기업의 여러 계층으로부터 정보를 수집해야 하며, 그것을 바탕
으로 명령을 전달하고 의사결정을 한다. 다각화로 인해 복잡한 조직이
되며, 정보 전달 과정에서 정보의 유실 또는 왜곡이 일어난다. 이런 정
보상의 비효율성은 다각화의 비용이 된다.

---

11) Montgomery, C. A., & Warnerfelt, B., 1988 "Diversification strategy and
    systematic risk".

## 4. 사업부문별 보고에 대한 규정

우리나라의 사업부문별 공시에 대한 규정은 최근 1998년 기업회계기준의 개정으로 사업부문별 정보를 보충적 주석사항으로 기재하도록 하였다. 그 후 1999년 6월 기업회계기준 등에 관한 해석 50-87, 사업부문별 정보 등의 공시를 제정하여 세부적인 분류기준 및 공시방법을 규정하게 되었다.

한편 상장법인 등은 증권거래법 제186조의 2.에 의하여 금융감독원에 사업보고서를 제출하도록 되어 있었는데 동 사업보고서에는 기업의 부문별 정보를 기재하도록 되어 있다.

사업보고서상 기업의 부문에 대한 분류기준에 따르면 기업의 사업부문을 한국표준산업 분류표의 소분류에 따르도록 하였다. 다만 경영자가 기업의 제 활동 간의 상관관계 및 이익창출단위, 제품 및 제조공정의 특징, 시장 및 판매방법의 특징 등을 고려하여 경영의 다각화 실태를 적절히 반영할 수 있는 구분방법을 제시하는 경우에는 그에 따를 수 있도록 하였다. 또한 증권거래법시행령규칙에서는 분류·보고하여야 할 사업부문을 결정하는 데 있어서 매출액, 영업이익 및 총자산을 기준으로 어느 하나가 전체의 10% 이상이면 공시하도록 하였고, 재무정보를 지역별로 분류함에 있어서는 개별 및 연결재무제표를 기준으로 매출액 또는 자산이 전체의 10% 이상이면 공시토록 하였다. 사업부문별 보고에 포함되어야 할 재무정보로는 매출액, 영업이익, 자산, 감가상각비 등을 제시하였다.

# 제2절 기업다각화와 관련된 선행연구

## 1. 기업다각화의 결정요인에 관한 연구

### (1) 해외연구

Tremblay and Tremblay(1988)는 다각화의 결정요인을 시장지배력 관점에서 설명될 수 있는지를 분석하였다. 그들은 기업이 합병과 매각 또는 현상유지 등의 세 가지 선택을 하게 된다고 보았다. 그리고 분석모형의 종속변수를 세 가지 선택의 확률로 설정한 후 기업과 시장의 특성을 설명변수로 한 로짓(logit)모형을 통해 미국 맥주산업에 있어서 수평합병의 결정요인을 분석하였다.

기업 및 시장의 특성을 나타내는 설명변수 벡터의 주요 변수로는 허핀달 – 허쉬만 지수로 나타낸 산업집중과 규모의 경제, 가동률, 시장점유율 등이 선정되었다. 특히 허핀달 – 허쉬만 지수는 Gort(1969)의 논의에 따라 합병의 시장지배력 동기를 분석하기 위해서 사용되었다.

Gort(1969)에 따르면 시장점유율이 높은 경우에 수평합병이 시장지배력을 강화시킬 수 있기 때문에 합병에 대한 시장지배력 동기는 시장집중과 직접적으로 관련성을 갖게 된다. 시장점유율은 기업의 규모를 나타내는 변수로 사용되었다. 그리고 1950-1983년 동안의 35개 기업을 대상으로 실증 분석한 결과, 시장지배력과 규모의 경제 등은 기업이 수평합병을 시도하게 될 확률에 유의적인 효과를 초래하지 않는 것으로 나타났다.

Lemelin(1982)은 Rubin(1973)과 Rumelt(1974)의 방법론을 따라 자

원관점에서 다각화 결정요인을 분석하였다. 회귀모형은 본업(principal activity)이 I 산업인 K 기업이 J 산업으로 다각화할 확률 P(K, I, J)를 종속변수로 설정하고 기업의 특성을 나타내는 벡터와 I 산업 및 J 산업의 특성을 나타내는 벡터들로 설명변수를 구성하였다. 또한 I와 J 산업 간의 관련성을 나타내는 벡터를 설명변수로 하였다.

Penrose(1959)의 이론에 따라 I 산업의 특성을 나타내는 벡터로는 기업특유의 자원에 대한 가용성을 나타내는 I 산업 내 기업의 평균 고용규모, 기업수, 산업출하액에서의 순수출비중 등의 변수들로 구성되었다. J 산업의 특성을 나타내는 벡터로는 성장과 이윤기회 등 진출산업의 매력도(attractiveness)를 나타내는 산업출하액에서의 수입비중과 순수출비중, 상위 4사집중도 등의 변수들로 구성되었다. 또한 본업과 유사한 산업일수록 그 산업으로 다각화하려는 경향이 있다는 가설에 따라 I와 J 산업 간의 관련성을 나타내는 투입－산출구조, 동일산업 여부에 대한 더미변수 등으로 Z(I, J)벡터가 구성되었다. 한편 종속변수로는 J 산업에 할당된 I 산업에 속한 기업들의 근로자수 및 I 산업 내 기업의 J 산업에서의 활동여부에 대한 더미변수가 사용되었다. 그리고 실증결과에 따르면 다각화의 결정요인으로서 마케팅 및 유동채널이 중요하며 관련산업 내에서 다각화가 일어나는 것으로 분석되었다. 그리고 성장동기가 다각화의 주요 원인인 것으로 나타났다.

Levy(1985)는 거래비용론에 기초하여 수직결합에 대한 실증적 분석을 시도하였다. 분석모형의 종속변수로는 매출액 대비 부가가치의 비율로 표시된 수직결합의 정도(VI)가 사용되었다. 수직결합의 정도를 설명하는 변수로는 거래비용 관련변수인 거래 특징적인 자본의 대용변수로서 공장으로부터 500마일 이내에 수송되는 제품의 비중 등이 설정되었다. 이외에도 광고 집약도와 연구개발 집약도가 설명변수로 사용되어졌다. 차별화된 제품을 생산하는 경우에 비표준적인 생산요소가 투입되거나 신기술 등이 사용되므로 거래 특징적인 투자가 이루어진다. 따라서 그는 제품차별화의 정도를 나타내는 광고 집약도 및 연구개발 집약도가 거래 특징적인 투자의 정도를 나타내는 것으로 보았다. 뿐만 아니라 수요의 불확실성과 위험도를 비롯하여 기업 내부의 경영비용(internal costs of management)의 대용변수인 기업의 규모, 조직 유형 등이 고려되었다. 한편 전기의 수직결합 정도, 최소 효율규모와 상위 4사의 집중도 등이 채택되었다. 설명변수 중 최소 효율규모와 상위 4사 집중도는 산업수요에 대한 상대적인 규모의 경제를 나타내기 위해 사용되었다. 그리고 이와 같은 모형에 대해 시계열을 고려한 기업단위의 자료를 이용하여 이루어진 실증결과에 따르면 수직결합은 거래의 특징성을 나타내는 연구개발 집약도, 기업 내부의 경영비용을 나타내는 기업규모, 조직 유형 등의 영향을 받는다는 결론을 얻었다.

Prahalad & Bettis(1986)는 기업 내에는 기존 주력사업을 운영하는 과정에 기초한 지배논리가 존재하며 이는 경영자의 태도나 지식, 능력에 영향을 미쳐 다각화를 성공적으로 수행하도록 가능하게 해 준다고 하였다. 다각화의 성과에 영향을 줌으로써 관련성의 역할을 연구하는 것은 기술과 시장에서의 유사성으로 관련성을 정의하고 있다. 이들은 다각화의 성공에 중요한 결정요인이 기업수준에서 관련성이라고 주장하고 있다.[12]

Amihud and Lev(1981)는 소유지분율을 설명변수로 설정하고 합병

---

12) 재무학회에서는 비관련다각화의 경우에 더 낮은 성과를 나타낸다고 확신하고 있다. 이러한 연구는 회계상 수익률로 측정하든, 주주의 수익률로 측정하든지 간에 복합기업은 비복합기업의 통제집단과 같거나 보다 더 나쁜 성과를 얻는다는 것을 보여준다.(Mason & Goudzwaard, 1976; Melicher & Rush, 1973; Smith & Shriveves, 1972).

의 유형을 종속변수로 한 회귀모형의 추정을 통해 대리인 관점의 다각화 동기에 대해 실증분석하였다. 그들은 경영자가 자신의 효용을 극대화한다는 가정하에 고용의 위험을 분산시키기 위하여 위험 감소적 행동을 한다고 보았다. 그리고 복합합병을 경영자의 위험감소 동기로 설명하고자 하였다. 그리고 이러한 경영자의 행동은 주주의 이해와 일치하지 않는 것으로 대리인비용의 문제를 발생시킨다고 보았다.

경영자의 위험감소 동기에 대한 가설은 두 가지 측면에서 검토되었다. 첫째, 다각화의 특정수단인 복합합병에 초점을 둔 검증방법으로서 복합합병이 기업의 지배 유형과 관련을 갖고 있는지의 여부에 대해 분석하는 것이다. 소유권이 상당히 분산되어 있는 경우에 경영자는 보다 자유롭게 의사결정을 하고 자신의 선호를 추구할 수 있다. 따라서 소유주 통제형 기업보다는 경영자 통제형 기업에 있어서 보다 집약적인 고용위험의 감소 활동이 이루어질 것으로 기대된다. 둘째, 다각화의 수단에 관계없이 다각화가 기업지배의 유형과 관련을 갖는지를 검증하는 것이다. 실증분석결과에 따르면 수평결합과 구직결합의 경우에 경영자의 고용위험 감소가 다각화의 동기가 아닌 것으로 나타났다. 반면 복합합병의 경우에는 위험감소가 다각화의 동기인 것으로 분석되었다. 또한 두 번째 검증방법에 따라 실증분석한 결과에서도 경영자의 위험회피 동기에 의하여 소유주 통제형 기업보다 경영자 통제형 기업의 다각화 정도가 높은 것으로 나타났다.

Chatterjee and Wernerfelt(1991)의 연구에서 다각화의 유형에 영향을 미치는 체계적인 요인을 가정하여 이런 요인들이 실제로 다각화 유형 결정에 영향을 미치는지를 다양한 기업그룹을 대상으로 실증분석하였다. 기업은 경쟁우위를 얻을 수 있는 방향으로 다각화할 것이라고 했다. 자원의 탄력성이라는 개념을 도입하여 경영자원이 관련다각화 또는 비관련다각화의 유형에 미치는 영향을 분석하였다. 그들에 따르면,

기업의 경영자원은 물리적 자원, 무형자산, 재무자원처럼 여러 가지 제품에 사용될 수 있을 정도로 탄력적인 경우에 잉여자원은 관련다각화와 비관련다각화 모두를 가능하게 하지만, 용도가 제한되어 있는 공장이나 설비 등과 같은 자원은 관련다각화를 유발한다.

이외에도 특히 다각화의 결정요인으로 자주 거론되는 위험에 주목한 연구로는 Hill and Hansen(1991)을 들 수 있다. 이들은 다각화와 성과에 관한 기존의 연구들이 횡단면 분석에 의존함으로써 양자 간의 인과관계가 불분명하게 되는 문제를 안고 있다고 지적하고 있다. 그들에 따르면 다각화가 성과에 미치는 효과를 이해하기 위해서는 다각화의 동기에 대해 살펴보아야 한다는 것이다. 따라서 위험과 다각화의 관계를 동기론적인 측면과 결과론적인 측면으로 분류하여 분석을 시도하고 있다. 그들은 위험을 나타내는 대용변수를 다각화 결정요인으로 설정하고 나머지 요인들은 통제변수로 사용하고 있다. 그리고 다각화의 동기론 분석에 초점을 두고 설명변수들을 2기의 시차변수로 구성하여 모형을 추정하였다. 실증분석결과에 의하면 다각화 동기로서의 위험의 정도는 다각화와 정(+)의 관계에 있는 것으로 나타났다. 그러나 다각화를 설명변수로 두고 위험의 정도를 종속변수로 설정하여 동시점에서의 횡단면 회귀분석을 실시한 결과에 따르면 다각화의 효과로서의 위험의 정도는 다각화와 부(-)의 관계에 있는 것으로 분석되었다.

## (2) 국내 연구

한국에서 기업집단에 대한 연구가 이루어지게 된 것은 기업집단에 의한 경제력집중의 폐해가 본격적으로 문제화되기 시작한 1980년대 초라고 볼 수 있다.13)

산업조직론 관점에서 한국에 있어서의 다각화의 유형과 경제력집중

현상에 대한 개념정립을 시도한 초기의 연구로는 이규억·이성순(1985)을 들 수 있다. 일차적으로 경제적 자원이나 활동을 지배할 수 있는 힘으로 정의되는 경제력(economic power)의 개념은 시장력(market power), 다각화력(diversification power), 복합력(conglomerate power)으로 정의된다. 그러나 그들은 한국에 있어서는 경제력은 이를 초월하는 개념으로 이해되어야 한다고 보고 있다.[14] 왜냐하면 대체로 기업의 소유가 특정개인에게 집중되어 있는 가운데 다각화가 단일기업의 상품 수준에서뿐만 아니라 다수의 기업을 결합하는 기업집단(economic group)의 형태로 전개되어 있기 때문이라는 것이다. 이와 같은 맥락에서 이규억·이재형(1990)은 기업집단의 양적 및 질적인 변화와 공정거래법 개정으로 인한 경제력 집중 억제대책의 제도적인 도입이라는 환경 변화를 고려하여 경제력 집중의 문제를 재조명하였다. 그리고 기업집단에 의한 일반집중과 산업집중, 소유집중 등의 경제력집중의 현황을 통계적으로 분석하고 경제력집중의 원인 및 성과에 대한 논의를 전개하고 있다. 정병휴·양영식(1992)은 기업집단의 경제력집중과 소유구조,

---

13) 한국 기업집단에 대한 연구는 이외에도 경제력집중의 본질인 소유집중의 문제에 대한 분석이 하나의 줄기를 형성해오고 있다. 한국 기업집단의 소유구조에 대한 분석이 이루어진 것은 服部民夫에 의해서이다. 그는 한국과 일본의 소유구조 비교를 통해 한국 기업집단의 소유구조 분석의 장을 열었다. 또한 공병호(1995)는 服部民夫가 제시한 오너지배형과 중핵기업지배형, 상호지배형의 소유구조 유형을 좀 더 세분화하여 한국 기업집단의 소유구조를 분석하고 있다. 아울러 기업집단이 성장하면서 오너지배형에서 상호지배형으로 변화된다는 服部民夫의 연구를 비판적으로 수용하여 실증적으로 반박하고 있다. 그러나 자료의 부족 등으로 인하여 기업집단의 소유구조 분석은 아직도 활발히 전개되지 못하고 있는 상황이라고 볼 수 있다.

14) 이규억·이성순(1985)에 따르면 시장력은 단일상품시장이나 산업에서 갖는 기업의 지배력을 의미하고, 다각화력은 다생산물기업이 여러 시장에 걸쳐 자기의 자원을 이동시킴으로써 단일시장에 대한 의존을 줄일 수 있는 여력을 말한다. 그리고 복합력이란 기업의 규모가 크면서 다각화가 되어있고 일부 시장에서 시장력을 보유함으로써 다른 기업보다 우월한 총체적 경쟁력을 갖는 것을 의미한다.

경영구조 등 광범위한 분석을 시도하고 있다. 특히 업종다각화를 일반
집중 및 시장집중과 더불어 경제력집중의 한 현상으로 분류하여 전체
산업, 비금융산업에 대한 다각화 지수를 계측하고 있다.

한편 Chang and Choi(1988)는 거래비용론(transaction cost theory)
관점에서 한국 기업집단의 형성논리를 논의하고 기업집단 분석을 시도
하고 있다. 이들은 한국의 상위 30개 기업집단 중 상장된 182개 계열기
업들의 1975-84년간의 자료를 이용하여 이윤율의 결정요인들을 분석하
였다. 그들의 연구는 30개 기업집단을 집단의 조직적 특성에 따라 3개
의 그룹으로 나누고 이윤율의 결정요소로서 집중률, 광고비15), 매출액
성장률, 총자산, 위험률 그리고 다변화지수를 포함하였다. 거래비용론의
관점에서 다각화를 설명하는 이론적 논의들에 대해서는 이규억·이성
순(1985)에 의해 소개된 바 있지만, 이들의 연구는 실증적 연구로까지
연결시키고 있다.

경영학적인 관점에서 이루어진 초기 연구로는 정구현(1987)을 들 수
있다. 그는 1974년부터 1984년에 걸친 108개 기업집단에 대해 Rumelt
기준에 의한 다각화 유형의 변화과정을 매출액 자료를 이용하여 추적
하고 있다. 그러나 Rumelt의 분류와는 차이를 두어 수직적 다각화가
단위산업과 수직적으로 관련이 있는 사업으로의 다각화라는 점에서 본
업형보다 더 다각화된 형태로 보고 있다. 그리고 수직다각화를 본업형
이 아닌 관련형의 일부로 분류하고 있다. 한편 조동성(1990)은 경영학
적인 측면에서 한국 기업집단의 분석을 시도하고 있다. 그는 기업집단
의 형성논리를 경제·경영적 측면과 사회·정치적 측면에서 추출하고
있다. 그리고 한국 기업집단의 형성과정 및 성과, 소유집중의 문제까지

---

15) 광고 집약도는 기업집단의 당해연도 매출액 대비 광고 집약도를 나타내며 이
  는 생산물의 차별화를 촉진시키고 규모의 경제를 실현하여 진입장벽을 높이는
  수단이 된다. 따라서 광고 집약도가 높을수록 이윤율이 증가할 것으로 기대하
  고 있다. 그러나 광고의 효과가 장기적인 성질을 띠고 있다.

광범위하게 다루고 있다.

그러나 기업집단에 대한 연구는 경제력집중의 한 현상으로서의 다각화가 기업의 성과나 경쟁 등에 미치는 효과에 초점을 두었기 때문에 다각화의 동기에 관한 연구는 크게 진전이 없었다. 다각화의 동기에 대한 실증적인 연구가 본격화되는 것은 1990년대 중반에 들어서라고 볼 수 있다.

다각화 동기에 대한 이론적인 연구로서 대표적인 것으로는 이규억·박병형(1993)을 들 수 있다. 다각화에 대한 연구가 그간 다각화의 효과에 치중했던 것과는 달리 기업결합의 이론적인 측면에서 소개하고 있다. 그리고 한국 기업집단의 다각화의 동기에 대한 실증연구가 이루어진 것은 홍현표(1991), 임상일(1992) 등에 의해서라고 볼 수 있다. 그리고 김영욱(1993)은 다각화와 소유구조와 관련성을 갖는다는 가설하에 양자 간의 관계를 분석하고 있다.

홍현표(1991)[16]는 기업집단의 분석을 위한 틀을 설정하기 위하여 기업이론을 기업집단차원으로까지 확장하고, 기업집단의 구조와 형태, 성과를 실증적으로 분석하고 있다. 특히 기업집단의 구조적 특질을 조직구조와 자본구조, 소유구조 면에서 접근하고 다각화를 기업집단의 형태로 보아 다각화 결정요인에 관한 모형을 구성하고 있다.

설명변수인 자산규모는 다양한 잉여자원을 의미하는 변수로 사용되었다. 또한 대규모 고정자산의 존재가 다른 유사공정으로의 다각화를 촉진한다는 논의에 따라 유형고정자산의 비율이 설명변수에 포함되었다. 그밖에도 자본구조와 시장구조변수로서 각각 부채비율과 가중시장집중률이 사용되었다. 뿐만 아니라 잉여자금의 대리변수로서 유동자산

---

16) 홍현표(1991)의 다가화 결정요인의 모형은 다음과 같다.
　　　다각화 지수＝f(자산규모, 고정자산비율, 자본구조, 시장구조, 잉여자금비율, 소
　　　　　　유집중지수, 불안정성, 성장률).

비율을 비롯하여 위험과 수요요인을 고려하여 성장률 등이 사용되었다. 그리고 1986년부터 1989년의 4개년 평균치를 이용한 회귀분석을 통해 자산규모, 유형고정자산비율, 부채비율, 가중시장집중률이 다각화와 각각 정(+), 정(+), 부(-), 정(+)의 관계가 있는 것으로 분석되었다.

임상일(1992)은 한국 기업집단의 다각화와 시장집중에 관한 연구를 통해 그 결정요인과 성과에 대해 분석하고 있다. 그는 다각화 결정요인에 관한 연구에서 정태적 요인으로 거래비용의 절감과 위험분산, 공동효과 및 잉여능력의 활용 등을 동태적 요인으로 기업집단의 수명연장과 기업가 정신의 발현 등을 제시하고 있다. 그리고 이와 같은 다각화 결정요인에 대해 10대 기업집단을 대상으로 실증분석을 시도하고 있다. 회귀모형의 추정결과 설명변수로 사용된 거래내부화율, 지배주주 지분율, 순자산규모, 성장률, 연구개발비 등은 허핀달지수를 근거로 계산된 다각화지수의 변화에 대해 각각 정(+), 부(-), 부(-), 부(-)의 유의적인 관계에 있는 것으로 관측되었다.

한편 김영욱(1993)은 삼성그룹의 다각화 과정과 소유구조의 변천과정을 분석하고 있다. 그는 다각화와 소유·지배구조의 변화과정을 분석함으로써 한국 기업집단의 다각화와 소유구조 간에는 관련성을 갖고 있음을 기업성장사적 관점에서 밝히고 있다.

지금까지 살펴본 다각화의 동기에 관한 국내외 주요 연구들을 검토해 보면, 국내 연구와 국외 연구 간에는 커다란 차이가 존재하고 있다. 국외 연구는 개별 기업차원에서 이루어지는 다각화에 초점을 두고 있는 반면 국내 연구는 주로 기업집단의 다각화에 초점을 두고 전개되고 있다. 그리고 다각화와 소유구조 간의 관련성에 관한 체계적이고 분석적인 연구가 이루어졌다고는 볼 수 없으나 양자에 대한 논의와 병행해서 이루어지고 있다. 따라서 소유구조가 한국 기업집단의 다각화를 연구하는 데 고려해야 할 중요한 요인이라는 점에는 공감대가 형성되어 가고 있는 것으로 보인다.

## 2. 기업다각화의 가치 관련성에 관한 연구

기업다각화의 기업가치 관련성에 대한 연구는 기업가치 증가설과 감소설로 두 가지 상반된 주장으로 나누어진다.

기업가치 증가설은 1960년대 후반에서 1970년대 초반에 주로 등장한 가설로 다각화가 기업가치에 긍정적인 영향을 준다는 것이다. 한편 기업가치 감소설은 1980년대 이후에 주로 등장하고 있는 가설로 다각화는 기업가치에 부정적인 영향을 주고 있다는 것이다. 이러한 다각화의 가치증감·감소설과 관련된 연구들을 살펴보면 다음과 같다.

기업가치 증가설을 주장하는 근거는 다각화가 경영자의 기업운영 효율성을 증진시키고, 기업자원 배분의 효율성을 높여 부채 조달능력을 증진시키며, 과소 투자문제로 인한 대리인비용을 줄일 수 있기 때문에 기업가치에 긍정적인 영향을 미친다는 것이다.

Chandler(1977)에 의하면 다각화기업은 각각의 사업부를 조화시키고 통합시킬 수 있는 경영진을 창출하여 이들이 가지는 효율성이 기업가치에 긍정적인 영향을 준다는 것이다. 즉, 운영의 효율성을 통하여 기업의 가치가 증가된다는 주장이다. Weston(1970)은 다각화기업은 내부 자본시장(Internal Capital Market)의 형성을 통해 자원을 좀 더 효율적으로 배분할 수 있으며, 이것이 기업가치 증가의 근원이라고 주장하고 있다. 이러한 논의는 Stulz(1990)에 의해 발전되어, 다각화기업은 이러한 내부 자본시장의 창조를 통해 Myers(1977)[17]가 제기하였던 과소 투자문제를 해결할 수 있고, 이것이 기업가치를 증가시킨다고 주장하고 있다. Lewellen(1971)에 의하면, 다각화기업은 여러 사업부문을 운영함에 따라 수익의 변동성을 줄일 수 있어 더 큰 부채 부담능력을 갖게 되며 이것은 더 큰 세금 절감효과와 연결되어 기업의 가치를 증가시킨다고 주장하였다. 즉, 여러 사업을 영위함에 따라 더 많은 부채를 조달할 수 있게 되어 지급이자에 따른 법인세 절감효과가 증가되어 결국 기업의 가치가 증가한다는 것이다. 이러한 논의는 더욱 발전되어 Majd and Myers(1987)는 다각화기업의 한 사업부 이상이 어떤 연도에 손실을 본다면, 이 다각화기업은 각 사업부가 독립적으로 운영되었을 경우 납부해야 하는 세금보다 적은 세금을 납부할 것이라고 주장하고 있다.

기업가치 감소설은 다각화가 잉여 현금흐름에 의한 과도한 투자, 상호 보조로 인한 비효율성의 지속 등을 야기하여 기업의 가치에 부정적인 영향을 미친다는 주장이다.

Stulz(1990)의 연구에 따르면, 다각화기업은 투자기회가 빈약한 사업부문에 과다 투자를 할 가능성이 높고 이것은 기업가치 하락을 야기한다고 주장하고 있다. Jensen(1986)의 잉여 현금흐름(free cash flow)관점에서 볼 때, 이것은 다각화기업에서 각각의 사업부는 독립적으로 운영될 때보다 더 큰 잉여 현금흐름을 갖게 되어 이것을 부(−)의 순현재가치를 가지는 투자안에 더 많이 투자하게 되는 과잉 투자문제를 발생시키게 된다. Meyer, Milgrom and Roberts(1992)는 다각화기업은 사업부문

---

17) Myers(1977)는 위험부채와 관련된 기업의 대리인문제와 관련하여 위험채권을 발생한 기업의 투자전략과 발행하지 않은 기업의 투자전략은 서로 다를 수 있음을 과소 투자문제를 통하여 증명하였다. 즉 위험부채의 발행으로 인해 기업의 가치를 증대시킬 수 있는 정(+)의 순현재가치를 갖는 투자안을 기각함으로써 기업가치의 감소가 발생할 수 있으며, 이는 위험채권을 발행함으로써 발생하는 대리인문제에 해당한다고 주장하고 있다. 이와 같이 부채의 발행에 의한 대리인문제는 기업의 투자의사결정에 영향을 미치며 나아가 기업의 가치에 영향을 미치게 된다는 것이다.

간의 상호 보조로 인하여 가치감소를 겪을 수 있다고 주장하고 있다. 즉 독립적으로 운영되었다면 퇴출되었을 사업부문이 다각화기업의 여타 다른 사업부문의 도움으로 계속 존속하게 되어 기업가치 하락을 유발한다는 것이다. Myerson(1982), Harris, Kriebel and Raviv(1982)은 정보비대칭의 관점에서 다각화기업의 가치감소를 설명하고 있다. 정보는 전문화기업에 비해 다각화기업 내에서 보다 분산되어 있기 때문에 다각화기업에서는 전문화기업에 비해 보다 큰 정보 불일치비용이 발생하고 이것이 가치 하락을 유발한다고 주장하고 있다.

지난 수십 년 동안 위와 같은 다각화의 기업가치 관련성에 관한 상반된 주장을 검증하기 위한 많은 국내외 실증논문이 있었다. 이러한 연구는 다각화의 기업가치 관련성 연구로부터 출발하여 다각화의 방향을 결정짓는 요인을 분석하는 방향으로 전개되었다는 것이 특징이다. 이러한 최근의 연구들은 다각화의 비용이 이익보다 큰 것으로 보고하고 있다. 즉, 다각화는 기업가치를 감소시키는 것으로 보고하고 있다. Lang·Stulz(1994),[18] Berger·Ofek(1995),[19] Servaes(1996),[20] Lins and Servaes(1999)는 최근의 대표적인 연구로, 기업의 다각화 전략은 기업가치의 감소를 가져오는 것으로 지적하였다. 더욱이 Comment·Jarrell(1995)[21]은 다각화기업은 다각화의 이익이라고 지적되고 있는 여러 가지 이점들을 향유하고 있지 못하며, 80년대 미국기업은 집중화전략에 의해 주주부의 상당한 증가를 가져왔다고 하였다. 다음은 이들 연

---

18) Larry H. P. Lang, and Rene M. Stulz, "Tobin's q, corporate diversification and firm performance", *Journal of Political Economy* 102, 1994, pp.1248-1280.
19) Philip G. Berger, and Eli Ofek, op. cit.
20) Henri Servaes, "The value of diversification during the conglomerate merger wave", *Journal of Finance* 51, 1996, pp.1201-1225.
21) Robert Comment, and Gregg A. Jarrell, op. *cit.*

구에 대한 내용을 좀 더 살펴보자.

### (1) Berger · Ofek의 연구

Berger · Ofek(1995)는 사업부문 관련데이터(segment-level data)를 이용하여, 각각의 사업부문이 독립적으로 운영되는 경우와 하나의 기업 내에서 여러 개의 사업부문으로 운영되는 경우 기업가치에 미치는 효과를 분석하고, 다각화가 기업가치의 증가 또는 감소를 가져오는 잠재적인 요인을 분석하였다. 1986년부터 1991년 기간 동안 Compustat Industry Segment(CIS) 데이터베이스와 Compustat data files에 등록되어 있는 16,181개 기업을 관측하고, 이 중에서 총매출액이 2천만 달러 이상이고, 금융사업(SIC 6000~6999)을 영위하지 않는 3,659개의 기업을 대상으로, 다각화기업의 사업부문별 개별 가치의 합(sum of the imputed value of segment)과 기업 전체의 가치를 비교하였다. 전체 관측기업 16,181개 중에서 5,233개가 복수사업 영위기업(multi-segment firm)이었고, 이중 2,457개 기업은 2개 사업, 1,557개 기업은 3개, 752개 기업은 4개, 451개 기업은 5개 이상의 사업을 영위하고 있었다.

기업의 초과가치(excess value)는 기업의 실제가치(firm's actual value)와 사업부문의 총귀속가치(segment's imputed value)를 나눈 비율에 자연로그를 취하여 계산하였다. 기업의 실제가치는 보통주의 시장가치와 부채의 장부가치의 합으로 계산하였고, 사업부문의 총귀속가치는 개별 사업부문 귀속가치의 합(sum of segment-imputed values)으로 계산하였는데, 각 사업부문이 당해 기업에서 차지하는 매출액비중에 산업승수(industry median multiplier: 당해 사업부문이 속한 산업에서 단일사업을 영위하고 있는 기업들 중 중앙값에 해당하는 기업의 매출액 대비 기업가치 비중)를 곱하여 계산하였다.

$$I(V) = \sum_{i=1}^{n} AI_i \times (ID_i(V/AI)_{mf})$$

$$EXVAL = \ln(V/I(V))$$

$I(V)$: 기업의 각 사업부문을 개별 기업으로 가정하는 경우 사업부문들의 가치의 합

$AI_i$: 기업 내 i 사업부문의 매출액(가치승수)

$ID_i(V/AI)_{mf}$: 사업부문 i가 속한 산업 내에서 단일사업을 영위하고 있는 중간기업(median single-segment firm)의 매출액 대비 기업가치(보통주의 시장가치+부채의 장부가치)비율

$EXVAL$: 기업의 초과가치

$V$: 기업의 총가치(보통주의 사장가치+부채의 장부가치)

$n$: 기업 내 사업부문의 총수

각 사업부문 가치의 합(sum of the imputed stand-alone values of segments)과 기업의 실제가치(actual value of companies)를 비교해본 결과, 1986년부터 1991년 기간 동안에 있어 다각화기업은 평균적으로 13%~15%의 가치손실(value loss)을 가져온 것으로 나타났다. 제한된 투자자원에도 불구하고 낮은 Tobin의 q 비율을 갖는 사업에 투자하는 과도한 투자와 성과가 양호한 사업부문이 성과가 좋지 않은 사업부문을 지원하는 사업부문 간 상호지원(cross-subsidization)이 기업가치의 하락을 유발시키는 요인으로 지적하였다. 그러나 이러한 가치손실은 관련다각화를 한 경우(SIC2 기준)에는 비관련다각화를 한 경우보다 완화되는 것으로 나타났다. 또한 다각화의 세금효과(tax benefits)에 의해서도 기업가치의 하락이 어느 정도 감소되는 것으로 나타났다. 다각화에 따른 부채 부담능력의 증가로 이자지급분에 대한 세금절감(tax shield)이 증가하고, 이익을 생성하는 사업부문이 손실을 내는 사업부문의 손실을 상쇄시킴으로써 세금을 절감하는 효과를 가져오기 때문이다. 그러

나 이러한 감세효과는 매출액의 0.1% 수준으로 다각화에 의한 기업가치 감소를 상쇄시키기에는 너무 작은 것으로 나타났다.

### (2) Lang · Stulz의 연구

Lang · Stulz(1994)는 기업가치척도인 Tobin q 비율을 이용하여 다각화 수준[22]과 기업가치 간의 관계를 분석하였다. 다각화 수준은 ① 매출액기준 허핀달지수(Herfindahl from sales), ② 자산기준 허핀달지수 (Herfindahl from assets), ③ 사업부의 수(number of segments) 등 3가지 대용치를 이용하여 측정하였다.

1978년부터 1990년까지 13년에 걸쳐 표본기업 1,449개를 이용하여 분석한 결과, 다각화 수준이 높은 기업의 Tobin q 비율은 단일사업을 영위하는 기업(single-segment firms)의 Tobin q 비율보다 유의적으로 낮게 나타났고, 5개 이상의 사업을 영위하고 있는 고도로 다각화된 기업의 경우에는 표본평균보다 Tobin q 비율이 평균과 중앙값에서 모두 낮게 나타나, 여러 사업을 영위하는 다각화기업은 전문화된 기업(specialized

---

[22] 다각화의 수준을 측정하는 방법으로는 영위사업수(product-count), 허핀달지수 (Herfindahl Index), 베리 – 허핀달지수(Berry-Herfindahl Index), 허쉬만지수 (Hirschman Index), 엔트로피지수(Entropy Index) 등이 있다. 영위사업수는 다각화 수준을 계산하기에는 간편하나 해당 사업이 전체 매출에 기여하는 정도를 반영하지 못하는 한계가 있다. 허핀달지수는 기업 내 모든 사업의 매출액비중을 자승하여 합계한 것이다. 베리 – 허핀달지수는 허핀달지수 값이 균등분포일수록 값이 작아진다는 점을 이용하여 허핀달지수 값이 커지면 지수값이 커지도록 1에서 허핀달지수를 차감(1 – 허핀달지수)한 것이다. 허쉬만지수는 허핀달지수에 제곱근을 취한 것으로 이는 본질적으로 허핀달지수와 동일하다. 엔트로피지수는 물리학에서 도입된 개념으로 불확실성과 불균형의 정도를 계측하는 지수 ($\sum_{i=0}^{n} S_i \ln(1/s_i)$)로, 모든 사업이 균등한 매출비중($S_i$)을 갖고 있는 경우에는 $\ln N$(N: 영위사업수)이 되고, 단일사업을 영위하고 있는 경우에는 0이 된다.

firms)보다 성과가 낮은 것으로 분석되었다. 이러한 결과는 다각화기업은 내부 자본시장(internal capital market)의 형식으로 단일사업을 영위하는 기업보다 상대적으로 낮은 비용으로 더 많은 자본을 조달할 수 있기 때문에, 과잉 투자의 유인을 갖게 되고, 이로 인해 자본의 한계수익률(marginal return)이 낮아져 Tobin q 비율이 하락한 것 때문으로 분석하였다.

다각화 수준과 Tobin q 비율 간의 회귀분석결과에 의하면, 두 개 이상의 사업을 영위하고 있는 기업의 Tobin q 비율은 단일사업을 영위하고 있는 기업의 Tobin q 비율보다 낮고, 다각화 수준과 기업가치 간에는 負의 관계가 존재하는 것으로 나타났다. 이러한 負의 관계는 Tobin q 비율에 영향을 미치는 결정요소인 산업효과(industry effect), 규모효과(size effect), 자본시장 접근능력(ability to access financial market), 연구개발의 집중도(intensity of research and development) 등을 통제한 경우에도 일관성 있게 나타났다.

### (3) Servaes의 연구

Servaes(1996)는 1961년부터 1976년 기간 중 3년 주기로 다각화에 대한 자본시장의 평가를 분석하였다. 1961년, 1964년, 1967년, 1970년, 1973년, 1976년 중 한번이라도 Compustat와 Dun & Bradstreet's Million Dollar Directory에 동시에 등록된 기업 중에서 Tobin q 비율을 구할 수 있는 비금융업종 기업을 대상(266개~518개)으로 분석한 결과에 의하면, 60년대와 70년대에 기업의 다각화가 급속히 이루어진 것으로 나타났다. 1961년 단일사업을 영위하던 기업이 55%였지만, 1976년에는 28%로 하락하였고, 4개 이상의 사업을 영위하고 있는 기업이 1961년의 8%에서 1976년에는 30%까지 증가하였다. 이 기간 중 단일사업기업의 기업가치가 다각화기업보다 더 높은 것으로 나타났다. 다각화가 본격화되었던 60년대에는 다각화를 시장에서 낮게 평가하여 산업조정 Tobin q 비율[23] (industry-adjusted q)이 −0.59~0.14로 나타났고, 70년대 중반에는 다각화에 대한 저평가가 감소하여 거의 0에 접근한 것으로 나타났다. 다각화가 시장으로부터 저평가를 받던 60년대에는 내부지분율과 다각화 수준 간에 負의 관계가 존재하였지만, 다각화에 대한 저평가가 완화되었던 70년대(1973년~1976년)에는 내부지분율이 높은 기업들이 적극적으로 다각화에 나서 내부지분율과 다각화 수준 간에는 正의 관계를 갖는 것으로 나타났다. 70년대에는 시장으로부터 다각화에 대한 불이익이 0에 근접해있었기 때문에 경영자는 자신의 富에 손상을 입지 않고 다각화를 추진할 수 있었던 것으로 보인다. 이 때문에 70년대는 기업다각화의 절정기가 될 수 있었다.

이러한 결과는 Tobin q 비율 대신에 기업가치 지표로 기업의 시장가치 대 장부가치비율(M/B 비율: market to book value ratio), 시장가치 대 매출액비율(market value to sales ratio)을 사용한 경우에도 일관된 결과가 나타났고, 기업규모와 배당효과를 통제한 경우에 있어서도 유사한 결과가 나타났다.

한편 본 연구에서 다각화 할인을 유발시키는 원인변수로 수익성, 자본구조, 투자정책 등을 선정하고, 횡단면 회귀분석을 실시한 결과, 일반적으로 수익성과 기업가치 간에는 正의 관계가 존재하고, 레버리지와 기업가치 간에는 負의 관계가 존재하는 것으로 나타났다. 그러나 각 연도마다 일관된 결과를 발견하지는 못하였다.

---

23) 산업조정 q 비율은 당해기업의 q 비율을 동종 산업 내 단일사업기업의 q 평균 또는 중앙값으로 차감하여 조정한 것으로, 조정된 q 비율이 負인 경우에는 다각화가 주주가치의 하락을 가져온다는 것을 의미한다.

### (4) Comment · Jarrell의 연구

Comment · Jarrell(1995)은 1978년부터 1989년까지 NYSE와 ASE에 상장되어 있고, Compustat로부터 사업부문 데이터(business-segment data)를 이용할 수 있는 약 2천 개의 기업을 대상으로 기업집중화와 기업성과의 관계를 분석하였다.

기업집중화를 측정하는 지표로 ① 단일사업 영위기업비율, ② 경영자에 의해 보고된 영위사업의 수, ③ Compustat에 의해 기업에 할당된 표준산업분류 세분류(SIC4)기준에 의한 영위사업수, ④ 매출액기준 허핀달지수, ⑤ 자산기준 허핀달지수 등 5가지를 사용하였다.

1979년에 단일사업을 영위하는 기업은 표본대상기업의 38.1%에 머물렀지만, 1988년에는 55.7%로 증가하여 동 기간 동안 기업의 집중화 추세가 지속된 것으로 나타났다. 80년대 다각화에 의한 범위의 비경제(diseconomies of scope) 때문에 기업들은 사업처분(divestiture), 사업재구축(restructuring) 등을 통해 핵심사업으로 집중화 혹은 전문화하는 전략을 추진한 때문으로 분석되었다.

또한 매출액기준 허핀달지수를 기준으로 표본기업을 세 집단으로 나누어, 집중화정도가 변화한 경우, 투자자금 1달러의 시장가치(net of market wealth)의 변화를 분석한 결과, 집중화 증가기업 집단(focus-decrease group) 간에 순수익률 차이는 7.4%로, 집중화가 강화된 기업집단의 수익률이 가장 높았고, 집중화가 약화된 기업집단의 성과가 가장 낮았다.

주식수익률과 기업집중화 지표 간의 회귀분석결과에 의하면, 집중화 수준의 변화와 주식수익률의 변화 간에는 正의 관계가 존재하며, 집중화에 대한 매출액기준 허핀달지수의 절대값이 0.1 증가할 때 주식수익률은 4.3% 증가(자산기준 허핀달지수의 경우 3.5% 증가)하고, 1개 사업이 감소하는 경우 3%~5%의 수익률이 증가하는 것으로 나타났다. 사업인수(acquisition) 없이 사업처분(divestiture)만 발생한 경우에는 주식수익률이 13%~15% 증가했고, 사업을 인수한 경우에는 평균 수익률이 0% 수준이었다.

### (5) 기타 국외의 연구

Rumelt(1974)는 기업의 기술과 자원을 연관된 시장에 이용할 수 있기 때문에 관련다각화가 기업가치에 보다 더 긍정적이라고 주장하고 있다. 또한 Nayyar(1993)는 기업에 대한 좋은 평판과 범위의 경제에서의 이득은 관련다각화를 통해서만 얻을 수 있기 때문에 관련다각화가 기업가치에 긍정적인 영향을 준다고 주장하고 있다.

Lins and Servaes(1999)는 Berger and Ofek(1995)의 방법론에 따라 다각화에 따른 기업가치손실이 미국을 제외한 여타 국가에서도 발생하는가를 살펴보고 있다. 그 결과를 보면 일본과 영국에서는 유의한 수준의 다각화에 따른 가치손실이 발견되는 반면 독일에서는 유의한 다각화에 따른 가치손실을 발견하지 못하고 있다. 또한 기업지배구조[24]와 연관되어 다각화의 효과를 분석한 결과, 독일에서는 내부자에게 집중된 소유구조가 다각화에 따른 기업가치의 손실을 감소시키고 있다고 주장하고 있다. 한편 관련다각화와 비관련다각화의 관해서는 비교적 많은 연구에서 관련다각화가 기업가치에 보다 긍정적인 역할을 하는 것으로

---

24) 기업지배구조란 기업의 자원을 운용, 배분할 수 있는 권리인 기업지배권이 효율적으로 운용되도록 하기 위한 기업 내부 또는 외부의 제반 메커니즘을 의미한다. 즉, 기업에 자금을 조달한 공급자에게 투자수익을 안전하게 확보할 수 있도록 하기 위한 제반시스템을 말하는 것이다.(Shleifer and Vishny의 "A survey of corporate governance", 1997, Journal of Finance 52.)

보고되고 있다.

한편 다각화의 기업가치 관련성에 관한 국내 연구도 많다. 국내에서의 다각화에 대한 연구는 주로 기업집단에 대해서 이루어져 왔는데, 이러한 기업집단에서의 다각화에 대한 연구는 조일흠과 이성규(1987), 정구현(1987), 곽승영(1989), 조동성(1990), 홍현표(1991), 박상수와 진태홍(1996), 이수복과 한성덕(1998) 등에 의해 이루어져 왔다. 이와 같은 연구들을 종합해 보면 대체적으로 다각화는 기업의 성장성에는 긍정적인 영향을 미치는 반면 수익성에는 부정적인 영향을 미치는 것으로 나타나고 있다.

또한 개별 기업차원에서 다각화의 효과를 살펴보고 있는 연구로는 윤영섭과 김성표(1999)와, 구맹회와 김병곤(1999)을 들 수 있다. 그러나 이들 두 연구는 서로 상반된 결과를 보여주고 있다. 두 연구 모두 기업가치의 대용변수로서 다각화 초과가치(EV: Excess Value)를 사용하고 있으며 다각화의 대용변수로써는 허핀달지수(Herfindahl Index)[25]와 영위하는 사업부문수를 사용하고 있다.

윤영섭과 김성표(1999)의 연구에서는 1995년, 1996년, 1997년의 국내 상장제조업체를 대상으로 다각화의 효과를 살펴보고 있다. 실증분석결과 다각화는 전반적으로 기업가치를 감소시키는 것으로 나타나고 있으며, 다각화의 정도가 커질수록 이러한 다각화에 따른 기업가치의 손실은 증가하는 것으로 나타나고 있다. 기업가치와 관련된 설명변수를 포함한 다중회귀분석결과에서도 다각화변수는 기업의 초과가치에 유의적인 부( - )의 계수를 보였다. 또한 다각화에 따른 잠재적인 이득의 원천으로서 높은 부채 조달능력과 이에 따른 세금 절감효과로부터의 다각화기업이 갖는

---

25) 허핀달지수는 기업 내 각 사업부문 매출액 혹은 자산의 구성비율을 제곱하여 합계한 것으로, 기업의 다각화 수준을 나타내는 하나의 지표이다. 모든 사업부문의 규모가 동일한 경우 허핀달 지수는 $1/n$(n＝사업부문수)이 되며, 단일사업 기업의 경우에는 그 값이 1이 된다.

긍정적인 효과는 유의적으로 크지 않은 것으로 분석되었다.

한편 구맹회와 김병곤(1999)의 연구에서는 위의 연구와 상반된 결과가 나타나고 있다. 이 연구에서는 1989년, 1993년, 1996년, 1997년의 국내 상장제조업체를 대상으로 분석을 하고 있는데, 다각화가 전반적으로 기업가치에 긍정적인 영향을 주는 것으로 나타나고 있다. 또한 관련다각화기업과 비관련다각화기업의 가치를 비교하고 있는데 그 결과 비관련다각화기업의 가치가 더 높은 것으로 나타나고 있다.

물론 구체적인 자료의 특성이 틀리고 측정변수에 어느 정도 차이가 있기 때문에 위의 두 연구를 직접적으로 비교하는 것에는 무리가 따를 수 있을 것이다. 하지만 두 연구에서 상이한 결과가 나온다는 것은 본 연구결과와 비교할 때 의미 있는 시사점을 줄 수 있으므로 보다 자세히 연구결과를 살펴보았다.

### (7) 홍재범·황규승의 연구

홍재범·황규승(1997)은 1993년 상반기 현재 증권거래소에 상장되어 있는 우리나라 기업 중에서 1986년부터 1991년까지 분석 자료를 획득할 수 있는 204개 기업을 대상으로, 다각화를 선택하는 요인을 분석하고, 다각화가 기업의 경제적 성과에 미치는 영향을 분석하였다.

이를 위해 다각화 결정요인을 외생 구조변수로 다각화와 경제적 성과를 내생 구조변수로 설정하여 LISREL(Linear Structural Relationships)을 이용한 공변량 구조분석(covariance structural analysis)을 실시하였다. 분석모형에서 다각화 결정요인을 내부자원과 산업매력도로 구분하고, 다각화는 관련다각화와 비관련다각화로 구분하여 측정하였다. 경제적 성과는 회계적 측정치에 기초하여 성장성(매출액증가율), 수익성(총자산투자이익률), 위험(수익성 측정치의 과거 3년간 분산) 등으로 구분하여 측정하였다. 내부자원은 무형자산(광고비 집중률, 연구개발 집중률)과 자금조달능력(유동비율, 부채비율)으로 측정하고, 산업매력도는 산업성장률, 산업집중도, 진입장벽으로 측정하였으며, 다각화는 엔트로피지수를 사용하여 측정하였다.

분석결과 상장기업의 다각화는 1986년 이후 계속 확대되다가 1989년을 정점으로 1990년과 1991년에는 다각화가 감소하는 재집중 현상이 나타났다. 내부자원은 다각화와 경제적 성과에 긍정적인 영향을 미치나, 산업매력도는 다각화와 경제적 성과에 일관되고 유의한 관계를 보여주지 못하였다. 다각화는 경제적 성과와 유의하고 일관된 관계가 있으며, 이중 비관련다각화는 성장성, 수익성, 위험 등 모든 경제적 성과 측면에서 효과적인 전략으로 나타났다.

### (8) 윤영섭·김성표의 연구

윤영섭·김영표(1999)는 1996년도에 상장되어 있는 기업 중에서 372개 기업을 대상으로 1995년, 1996년, 1997년을 분석연도로 하여 기업가치에 대한 다각화의 효과와 다각화의 동기로서 대리권비용 가설을 검증하였다.

기업다각화 수준의 측정지표로는 ① 주요 사업부문 수와 ② 베리 허핀달지수를 사용하고, 다각화 관련초과가치는 개별 기업 Tobin의 q에 대해 자연로그를 취한 값에서 각 기업이 속한 동일산업 내 단일사업기업의 Tobin의 q 중앙값에 자연로그를 취한 값을 차감하여 측정하였다.

$$EV_{i,t} = \ln(Q_{i,t,k}/\lambda_{i,t,k})$$

$EV_{i,t}$: i 기업의 t기 산업조정 다각화 초과가치

$Q_{i,t,k}$: t기 k 산업분류 내 i 기업가치

$\lambda_{i, t, k}$: t기 k 산업분류 내 단일사업 기업가치의 중앙값

분석결과 사업다각화는 전반적으로 기업가치에 부정적인 효과를 미치는 것으로 분석되었다. 단일사업기업에 비해 복수사업기업의 경우 평균(중앙값) 4.6%(4.1%)의 가치손실이 발생하는 것으로 나타났다. 또한 다각화 정도가 커질수록 이러한 손실은 증가하여 최고 13%의 다각화 손실이 발생한 것으로 나타났다. 기업가치와 관련된 기업규모, 산업주기, 자본구조, 수익성, 성장기회, 무형자산가치, 재벌더미 등의 통제변수를 포함한 회귀분석결과에서도 다각화변수는 기업의 초과가치에 유의적인 負의 계수를 보였다.

한편 다각화에 따른 잠재적인 이득의 원천으로서 높은 부채 조달능력과 이에 따른 세금 절감효과는 유의적으로 크지 않은 것으로 나타났다. 또한 경영자 소유지분과 다각화 수준 간에 유의적인 負의 관계가 나타나 다각화 전력은 대리권비용 가설에 의해 어느 정도 설명되는 것으로 나타났다.

### (9) 구맹회·김병곤의 연구

구맹회·김병곤(1999)의 연구는 266개 상장기업을 대상으로 기업다각화의 동기를 밝히고, 대리권문제와 기업다각화가 기업가치에 미치는 영향을 분석하였다. 기업다각화 수준의 결정에 있어 대리권문제의 영향을 분석한 실증결과에 의하면, 첫째, 내부지분율이 낮을수록 다각화가 많이 이루어지고, 내부지분율이 높을수록 다각화 수준이 낮아지는 것으로 나타나, 우리나라 기업의 다각화 동기를 대리권문제 관점에서 찾을 수 있음을 알 수 있었다. 둘째, 외부 대주주 지분율과 다각화 수준 간에는 유의적인 관계를 발견하지 못하여, 외부 대주주들이 경영자를 감

시·통제함으로써 대리권문제를 축소시키고, 기업의 다각화를 억제할 것이라는 가설은 기각되는 것으로 나타났다. 다각화가 기업가치에 미치는 영향에 대한 분석결과에서는, 첫째, 다각화가 기업가치의 감소를 유발시켜 다각화 수준이 높을수록 기업가치가 낮을 것이라는 가설은 기각되는 것으로 나타났다. 오히려 우리나라 기업에 있어 다각화는 기업가치에 긍정적인 영향을 미치는 것으로 분석되었다. 둘째, 관련다각화기업과 비관련다각화기업의 가치를 비교해본 결과 비관련다각화기업의 가치가 관련다각화기업의 가치보다 높은 것으로 나타났다.

## 3. 기업다각화와 대리인문제[26]에 관한 연구

기업다각화의 기업가치 관련성에 대한 연구는 긍정적인 효과와 부정적인 효과로 양분되어 결론을 내리기가 힘들다. 이런 이유로 최근에는 다각화를 대리인비용의 관점에서 연구하려는 움직임이 나타나고 있다. 즉 다각화 전략이 기업의 가치를 증가시키지 못하고 오히려 가치의 감소를 가져올 수 있는 데도 현실에서는 다각화된 기업이 등장하는 이유를 대리인문제의 관점에서 조명해보는 것이다. 이것은 경영자가 주주의 부를 극대화시키는 것보다는 경영자의 사적 이익을 추구하기 위해 다각화를 추진한다는 견해이다. 다각화를 통해 경영자가 향유할 수 있는 사적 이익(private benefit)에 대한 많은 연구가 있었지만 중요한 몇몇 연구를 제시하면 다음과 같다.

Amihud and Lev(1981)는 경영자가 자신의 가치를 높이고 경영자 자신의 포트폴리오 위험을 최소화하기 위하여 다각화를 추진할 수 있다고

---

26) 대리인문제는 현대기업의 특성으로 들 수 있는 소유와 경영의 분리에서 비롯되는 것으로 주체(principal)와 대리인(agent)들이 스스로의 이익을 위하여 행동할 경우 발생하게 되는 제반 문제를 말한다.

주장한다. 일반 투자자들은 자본시장을 통하여 자신의 위험을 분산시킬 수 있지만 경영자들은 자신의 위험을 분산시키기 어렵다. 그래서 경영자들은 자신의 포트폴리오 위험을 분산시킬 목적으로 기업의 다각화를 추진할 가능성이 존재한다는 것이다. Jensen(1986)과 Stulz(1990)는 대규모기업을 경영함으로써 향유할 수 있는 권력과 위신 등 경영자의 사적 이익을 증가시킬 목적으로 다각화를 추진한다고 주장하고 있다. 경영자는 다각화를 통해 기업의 규모 확장을 시도하고 이렇게 확장된 대규모 기업을 경영함으로써 향유할 수 있는 사적 이익을 추구한다는 것이다. Shleifer and Vishny(1989)의 연구에 따르면, 경영자는 기업을 자신이 더 잘 운영할 수 있는 사업부문으로 다각화함으로써 자신을 기업 내에서 없어서는 안 될 존재로 만들려고 한다고 주장하고 있다. 또한 Jensen and Murphy(1990)는 기업규모에 따른 경영자의 보상 때문에 경영자가 다각화를 추진할 수 있다고 주장하고 있다.

한편 대리인문제와 다각화에 대한 실증연구로는 Denis, Denis and Sarin(1997)과 Liebeskind and Opler(1994)를 들 수 있다. 전자의 연구에서 저자들은 경영자의 소유지분율과 다각화 수준 간에는 강한 부(－)의 관계가 존재하는 것을 보이고 있으며, 대리인문제가 다각화의 중요한 동기라고 주장하고 있다. 후자의 연구에서는 소유분산이 잘 된 공적 기업에 비해 소유가 특정인에 집중된 사적 기업일수록 보다 덜 다각화되어 있음을 보이고, 사적 기업일수록 대리인비용이 적음을 지적하고 있다.

기업다각화와 대리인문제를 다룬 국내 연구로는 역시 윤영섭과 김성표(1999)와 구맹회와 김병곤(1999)을 들 수 있는데 두 연구 모두에서 다각화 수준과 경영자 소유지분 간에는 부(－)의 관계가 존재함으로 보이고 있다. 이러한 결과는 다음과 같이 해석할 수 있을 것이다. 내부 경영자들은 소유지분율이 높을수록 기업가치 감소에 대해 더 많은 부담을 갖게 되므로 다각화가 주주 부의 감소를 가져오거나 뚜렷하게 가치를 증가시키지 않는다면 다각화 전략을 채택하지 않으려는 경향을 보이고 소유지분이 낮으면 다각화에 의해 기업규모를 확대하게 되며 대규모 기업을 경영함으로서 향유할 수 있는 권력과 위신 등 경영자 자신의 사적 이익을 증가시키고자 하는 경향이 있음을 알 수 있다.[27]

## 4. 시설투자 다각화와 기업가치에 관한 연구

시설투자를 통한 다각화와 기업가치와의 관련성에 관한 대표적인 연구는 McConnel & Muscarella(1985), Kerstein & Kim(1995)을 비롯하여 국내 연구로 심동석(1995), 이상규(1995), 김지수와 최정호(1996) 등 다수이다. 다음은 이런 연구들을 좀 더 상세히 살펴보고자 한다.

### (1) McConnel & Muscarella의 연구(1985)

McConnel & Muscarella는 1975년부터 1981년 사이에 시설투자를 공시한 658개 기업을 대상으로 시설투자공시 전후의 비정상수익률이 통계적으로 유의한 값을 갖는지를 Masulis(1980)의 비교기간 절차를 사용하여 검증하였다. 표본은 공공기업과 일반기업을 전체 표본으로 하고 공시된 시설투자금액이 전년도 시설투자예산과 최근 발표된 시설투자 예산을 비교하여 증감에 따라 하위분류 하였다.

---

27) 이와 상반된 견해로는 Amihud and Lev(1981)의 주장을 들 수 있는데, 저자들은 경영자가 그들 기업의 지분을 보다 많이 소유할수록 사적위험을 감소하기 위한 욕구가 커짐에 따라 다각화 정도를 증대시키려 한다고 주장하고 있다. 한편 Denis, Denis and Sarin(1997)는 Amihud and Lev(1981)의 주장, 즉 경영자의 소유지분과 다각화 수준의 정(+)의 관계는 경영자 소유지분이 67.5% 이상의 매우 높은 수준일 경우에만 나타난다고 보고하고 있다.

그들의 분석결과에 따르면 일반기업의 경우 공시된 시설투자금액이 예산보다 증가(감소)했을 때 공시일의 비정상수익률은 1.98%( -1.78%) 이며, 통계적으로 유의한 정( + ) 또는 부( - )의 값을 나타냈다. 그러나 공공기업의 경우에는 공시된 시설투자금액이 예산보다 증가 혹은 감소 하더라도 통계적으로 유의한 비정상수익률이 나타나지 않았다. 이와 같 이 상반된 결과가 나타난 이유는 일반기업들이 공공기업에 비해 성장 기회가 많기 때문에 투자계획으로 기대할 수 있는 순현재가치가 0보다 크고 공공기업의 경우에는 수익률이 규제를 받고 있어 투자계획의 순 현재가치가 0보다 크지 않을 가능성이 많기 때문이다. 이러한 연구결과 로부터 경영자가 가치극대화 가설에 입각하여 투자결정공시를 신호 전 달도구로 사용하였다 할 수 있다.

### (2) Kerstein & Kim(1995)

Kerstein & Kim은 1976년부터 1989년까지를 조사대상 기간으로 하 여 미국의 153개 제조업이 실제로 부동산, 기계 등의 취득에 지출한 자 본적 투자가 주가에 미치는 영향을 조사하고 있다. 이들은 경영자들이 투자결정 시 미래의 수요와 비용에 관련된 사적 정보를 고려하기 때문 에 실제로 실시한 투자는 현재 수익으로 예상되지 않는 미래수익에 관 한 추가적인 정보를 제공할 수 있다고 가정하였다. 이들은 투자계획이 아닌 실제로 실시한 투자를 대상으로 하였으며, 그 투자금액의 증감은 대차대조표에 계상되어 있는 고정자산의 금액을 과거 년도에서 차감하 여 계산하였다.

이들은 연구의 내적 타당성을 높이기 위해 현재의 이익수준 및 사전 정보와 관련한 기업규모효과를 통제하였다. 아울러 이들은 위험, 성장 성, 이익수준이 자본적 지출과 주가와의 상관관계에 영향을 주는 조정

변수로서의 역할을 하고 있는가를 추가적으로 연구하였다. 연구결과 투자금액의 변화는 초과수익률과 통계적으로 유의한 정(+)의 관계가 있음을 보고하고 있다. 이와 같은 증거는 실제로 지출된 투자는 앞서의 조정변수와 현재의 이익수준의 변화로부터 기대할 수 없는 추가적인 정보가치가 있음을 시사하고 있다고 볼 수 있다.[28] 이와 같이 실제로 지출된 투자가 기업가치에 긍정적인 영향을 주는 연구결과는 Lev와 Thiagarajan(1993)의 연구와도 일치한다.

### (3) 심동석의 연구(1995)

심동석은 1992년 1월부터 1993년 12월 사이에 증권시장지에 시설투자를 공시한 81개 기업을 대상으로 하여 시설투자계획이 공시된 시점을 전후한 60일간의 주가 움직임을 관찰하여 초과수익률을 계산하였다. 분석의 결과, 공시일의 비정상수익률이 대단히 미미하여 국내 증권시장에서는 시설투자공시효과가 미약한 것으로 나타났다.

또한 공시일의 비정상수익률과 성장기회, 정보비대칭변수 및 더미변수를 다중 회귀분석한 결과 정보비대칭변수 및 성장기회변수의 회귀계수는 유의성이 없어 비정상수익률의 원인으로 설명될 수 없었다. 다만 시황변수는 어느 정도 유의성을 가짐으로써 경기확장 국면에서의 설비투자공시는 주가에 긍정적인 영향을 미치는 것으로 나타났다.

### (4) 이상규의 연구(1995)

이상규의 연구는 1985년부터 1993년 중 증권시장지에 시설설비투자를 간접 공시한 263개 기업을 대상으로 시설투자에 따른 주가변동의

---

28) 김지수, 최정호: 경영학연구, 제25권 3호 1996년 8월.

효과를 측정하였다.

분석결과, 전반적으로 공시일 −10일 전부터 −2일 전까지 유의적인 정(+)의 초과수익이 발생하였다. 그러나 오히려 공시 당일에는 유의적인 초과수익률의 움직임이 없었다. 이는 시설투자 공시의 경우 정보의 사전 유출이 있을 것이라는 사실을 암시하는 것으로 보인다. 그러나 일별 수익률 분석과 주별 수익률 분석에서 공시 이후에도 상당기간 유의적인 정(+)의 초과수익률이 나타남으로써 효율적인 시장가설과는 상반되는 결과가 나타났다. 한편 주식포과수익률을 종속변수로 영업성과, 투자규모, 자본구조 및 소유경영자 지분 등 기업의 특성을 대변하는 변수를 독립변수로 하여 다중 회귀분석한 결과 어떠한 가설도 고정자산의 취득원인을 구체적으로 밝힐 수가 없었다. 다만 기존시설의 확대보다는 새로운 시설에 투자하거나 새로운 생산활동에 종사할 때 시장에서 좀 더 매력적인 정보로 평가되는 것으로 여겨진다.

### (5) 김지수, 최정호의 연구(1996)

김지수, 최정호의 연구는 1988년부터 1992년까지 증권거래소에 시설투자결정을 통보하여 간접 공시한 상장기업을 대상으로 전통적인 사건연구방법에 의하여 주가의 움직임을 측정하였다. 이들은 시설투자계획의 공시효과를 검증하기 위하여 일별 수익률에 의한 평균 조정모형과 시장 조정모형의 두 가지 모형에 의하여 초과수익률을 계산하였다. 그 결과 기대수익률모형에 따라 투자효과가 다르게 나타나는데 이는 우리나라 주식시장의 특성 때문으로 여겨진다. 그러나 어느 모형에 의하든 −4일에는 뚜렷한 정(+)의 효과가 있으나 공시 하루 전이나 당일에는 나타나지 않는다. 결론적으로, 투자계획 공시 전 4 내지 5일 전에 이미 정보가 사전 유출되는 것으로 보인다. 이들 연구결과에 따르면, 시설투자정보가 공시되었을 때, 해당 기업의 주가가 대체적으로 상승하였다. 즉 우리나라 자본시장에서는 기업의 시설투자는 기업가치를 증대시키기 위한 가치극대화 행위를 목적으로 이루어지고 있음이 관찰되었다. 또한 다중회귀분석결과, 영업성과와 소유경영자의 비분비율은 통계적으로 유의했다. 이는 설비투자 후 영업성과가 개선되었을수록 설비투자로 인하여 기업가치가 크게 증가하였고, 설비투자 전의 경영자 소유비율이 높을수록 설비투자로 인한 기업가치의 증가도 크게 나타났음을 보인다.

## 5. 다각화기업의 내부 자본시장과 투자에 관한 연구

다각화기업의 내부 자본시장과 투자결정의 효율성에 대해서는 다음과 같은 연구결과가 있다.

Lamont(1997)는 미국의 다각화된 석유회사에서 석유가격 하락에 의한 현금흐름 감소가 석유부문뿐만 아니라 비석유부문에서도 투자를 감소시킨다는 실증분석결과를 제시했다. 그는 현금흐름의 감소가 투자의 감소를 초래하고, 다각화기업의 서로 다른 계열사들 간의 금융비용은 상호 의존적이라는 가설을 검증하여 기업의 내부 현금흐름이 투자에 미치는 영향을 분석했다. 그는 다각화된 석유기업이 급격한 현금흐름 감소로 계열사에 대한 투자도 감소시켰다는 사실을 통해 외부 자본시장의 불완전성이 내부 자본시장을 통한 기업 간의 자본배분을 수행하고 있다는 사실을 입증하였다. 또한 산업조정된 투자의 변화분을 회귀분석하여 다각화기업이 성과가 낮은 계열사에 대해 과잉 투자해왔으나 현금흐름의 감소로 인하여 이러한 낭비적 지출을 중단하게 되었다는 결과를 제시하였다. 이 연구에서는 기업다각화를 통해 기업의 가치가 하락하고 있다는 기존의 연구들[29]과 유사한 결과를 보여주었다고 할 수 있다.

Shin and Stulz(1996)는 다각화기업에서의 부문별 투자에 대해 분석했는데, 그들의 연구결과는 다각화기업에서 가장 작은 부문의 투자는 기업 전체의 현금흐름에 큰 영향을 받지만, 가장 큰 부문의 투자는 다른 부문의 현금흐름이 아닌 자체 현금흐름에 의존해 있다고 하였다. 그리고 가장 작은 부문의 투자가 산업에서의 성장가능성이 아닌 기업 전체의 현금흐름에 의해 영향을 받기 때문에 과소 또는 과잉 투자의 비효율적인 투자를 하게 되며, 이는 다각화기업의 내부 자본시장이 잘못된 자원 배분을 실행한다는 사실을 뒷받침 해주고 있다는 것이다.

Scharfsten(1998)은 1979년 3개 이상의 비관련사업을 운용하는 다각화 대기업 165개 사의 자본적 지출을 분석한 결과, 산업 내의 보다 좋은 투자기회에 대기업집단이 단일기업보다 덜 투자한다는 모형을 추정하였는데, 이는 단일기업의 자본지출이 토빈의 q에 반응하는 반면 대기업의 경우는 그렇지 않다는 사실에서 초래된다는 것이다. 그리고 대리인문제가 더 크고 상대적으로 규모가 작은 부문에서는 이러한 효과가 크게 나타나며, 상대적으로 규모가 큰 부문의 자본지출은 토빈의 q에 정(＋)의 상관관계를 나타낸다고 하였다.

Rajan, Servae, Zingales(1998)은 1979년부터 1993년 사이에 미국의 다각화기업들의 자료를 통해 이들 기업들이 투자재원을 잘못 배분하고 있으며, 잘못된 투자재원의 배분은 계열사 간의 투자기회의 세분화 정도와 상관관계가 있다고 하였다. 그리고 이러한 기업들의 주식거래에서의 할인은 잘못된 투자재원 배분과 계열사 간 투자기회의 세분화 정도와 상관관계가 있다는 것이다. 이들의 연구는 다각화기업의 할인과 비효율적인

---

29) 미국의 자료를 사용하여 기업의 비관련다각화가 갖는 문제점을 실증분석한 연구는, Lang and Stulz(1994)와 Berger and Ofek(1995) 등이 있다. 이들은 업종분산의 정도와 토빈의 q 비율 사이에는 부의 상관관계가 존재하며, 비관련다각화가 기업가치의 손실을 초래한다고 하였다.

투자를 입증하여 기업다각화의 비용을 추정해 냈다고 할 수 있다.

박영석, 신현한(1998)은 우리나라 기업집단에 존재하는 내부 자본시장이 기업의 투자의사결정과 유동성의 관계에서 어떠한 역할을 하는가에 대해 실증분석 했다. 그들은 기업을 대규모 기업집단과 기업집단에 속하지 않는 독립기업으로 구분하여 분석한 결과, 기업집단의 투자는 내부 현금흐름에 의해 제약을 받지 않지만 독립기업들은 내부 현금흐름의 규모에 의해 제약을 받는 것을 확인했다. 반면, 기업집단에 속한 기업들의 투자는 동일한 기업집단에 속하는 다른 기업들의 현금흐름에 비례하는 결과가 확인되어 기업집단 내부에 존재하는 내부 자본시장을 간접적으로 증명했다. 특히 각각의 기업집단 내에서 규모가 가장 작은 기업들과 가장 큰 기업들은 자신의 성장기회와는 상관없이 다른 계열사들의 내부 현금흐름에 의해 투자가 결정되는 결과를 통해 기업집단들의 과잉 투자문제를 지적했다.

## 6. 기업다각화와 기업성과에 관한 연구

Gort(1962)를 시작으로 산업이나 기업의 다각화와 성과 간의 관계에 관한 연구는 계속 행해지고 있다.(e.g., Bass, 1973; Bass, Cattin & Wittink, 1978; Miller, 1969; Rhoades, 1973). 대부분의 경우 이러한 연구의 결과는 일치되지 않고 논쟁거리가 되어 왔다. 더구나 다각화와 성과의 명백한 관계를 증명하지는 못하고 있는 것도 사실이다. 즉 기존연구들은 다각화 유형과 경영성과 사이에 존재하는 통계적 상관관계를 설명하였다. 그러나 기업이 어떠한 원인 때문에 다각화를 추구하고, 또 다각화 유형에 따라 경영성과가 왜 달라지는가를 규명하는 데에는 설명이 부족하였다. 이와 같이 기존연구가 다각화를 하나의 이론체계로 설명하지 못하고 있는 것은 Hoskisson &Hitt(1990)가 주장한 것처럼 다각화의 성과에 대한 연구가 특정접근법으로 다각화의 특정현상을 설명해 보려는 방향으로 이루어져 다각화에 대한 다양하고 방대한 지식체계는 구축되었으나 이를 통합적으로 설명해 보려는 연구가 제한적으로 이루어진 데 따른 결과로 생각된다. 다음은 기업다각화와 기업성과와 관련된 연구들을 살펴본다.

먼저 Gort(1962)는 다각화를 진행하는 기업의 이윤성을 최초로 측정하였다. 그는 한 기업이 활동하는 시장에 있어서 이질성이 증가하는 것이 다각화라고 정의하였다. 그러나 그의 연구에서 다각화와 이윤성의 상관관계는 유의하지 않았으나, 주된 업무활동에 상대적으로 많은 기술자를 보유한 기업이 다각화를 통해 보다 높은 성과를 거둘 수 있고, 다각화의 정도가 기업규모, 성장, 이윤율에 별로 영향을 주지 않는 것으로 나타났다.

Rumelt(1974)는 다각화 유형과 그 성과 사이에 존재하는 관계를 규명하였다. 다각화 방향과 성과에 대해서는 다각화 유형을 관련과 비관련으로 나누고, 관련다각화 전략이 비관련다각화 전략보다 우월한 경제적 성과를 창출한다고 주장했다. 관련다각화의 경우, 유연한(flexibility) 관련다각화보다는 비유연한 옥은 엄밀한(inflexibility) 관련다각화가 더 높은 수익성을 얻는다는 연구결과를 발표한 이래 관련다각화와 비관련다각화로 다각화 전략과 경제적 성과의 관계를 규명하려는 연구가 주를 이루었다. 또한 Rumelt는 정상적인 측면을 고려하여 다각화 전략을 분류하여 연구하였다. 즉 단위 사업이라는 개념을 도입하여 전략 분류의 출발점을 삼고, 특화비율, 수직화율 관련비율이라는 척도를 이용하여 전략 형태를 분류하였다.[30] (Karpik and Ahmed, 1994)

---

30) 특화비율은 한 기업이 매출액 중에서 최대의 매출액을 가지는 단위 사업의 매출액이 전체 매출액에서 차지하는 비율이며, 수직화비율은 수직적 통합결과의 파생물, 중간제품, 최종생산물 모두에서 사업이 관련을 맺을 때 그 단위 사업의 매출액이 전체 매출액에서 차지하는 비율을 의미한다. 그리고 관련비율은

Palepu(1985)는 산업조직론에서 연구된 다각화 연구, Rumelt를 중심으로 한 다각화 전략의 연구를 종합하여 다각화와 경영성과의 관계를 연구하였다. 그는 산업조직론의 다각화 연구가 관련다각화와 비관련다각화로 구별하지 않고, 단순히 다각화 연구만을 하고 있어서 다각화와 성과의 상관관계가 유의하지 못하다는 점을 지적하였다. 그는 다각화 정도를 관련다각화와 비관련다각화로 이분하여 관련다각화 지수값, 비관련다각화 지수값, 종합다각화 정도를 구하였다. 각 다각화 지수의 구분은 표준산업 분류체계 2자리 산업에서 각각 표준산업 분류체계 4자리 제품으로 나누어 관련성 여부를 결정하였다.

Christensen and Montgomery(1981)는 다각화 전략과 더불어 산업구조변수를 포함한 실증연구를 통해 다각화 전략과 성과 간에는 직접적인 관련이 없다고 주장하였다. 관련다각화 전략이 우월한 성과를 보이는 것은 단지 관련다각화기업이 보다 매력적인 산업에 참여하고 있기 때문이라는 것이다. 산업구조는 기업성과뿐만 아니라 다각화 전략에 지대한 영향을 미친다고 제안하였다. 이들에 따르면 높은 수익률을 보이는 산업은 그 산업의 구조적 특징이 그 산업 내 기업의 성과에 긍정적인 영향을 미치고 동시에 그 산업 내에 기업들로 하여금 관련다각화를 추구하도록 한다. 반면에 낮은 수익률을 보이는 산업의 구조적 특징은 그 산업 내 기업의 성과에 부정적인 영향을 미칠 뿐만 아니라 그 기업들로 하여금 비관련다각화를 선호하도록 한다는 것이다. 따라서 관련다각화기업과 비관련다각화기업 간의 성과 차이는 이러한 산업변수에 의해서 설명되고 다각화 전략 자체에 의한 성과 차이는 실제로 미미하다는 것이다.

Grant·Jammine·Thomas(1988)는 제품과 다국적 다양성에서 다른

---

기술 및 시장에서 서로 관련이 있는 단위 사업에서 가장 큰 그룹에 속한 수입의 비율을 의미한다.

304개의 영국 제조업체들 간의 다양성과 다각화 그리고 수익성과의 관계를 조사하였다. 다양성과 수익성은 정의 관계를 가지지만, 제품다양성은 일단 복합성의 한계에 부닥치는 기업은 수익성이 감소한다는 결과를 이끌어 낸다. 또한 Rumelt의 다각화 범주에 의해 측정된 관련성은 수익성에서의 차이와 무관하다는 결론이 나왔다. 또한 다국적 다양성은 제품의 다양성보다 수익성에 더 큰 관련성이 있었다고 한다. 그리고 성과가 높은 기업은 기존사업으로부터 높은 수익이 그들로 하여금 새로운 사업에 대한 투자를 가능하게 하기 때문에 성과가 저조한 기업보다 더 활발한 다각화를 추구하는 경향이 있다고 주장한다.

Hill·Hitt and Hoskisson(1992)이나 Hoskisson(1987) 등은 관련다각화 전략은 이에 부합하는 조직구조, 내부시스템, 혹은 메커니즘을 갖추었을 때에 비로소 비관련다각화보다 높은 성과를 창출할 수 있다고 주장하였다. 이러한 주장은 관련 및 비관련다각화가 획득할 수 있는 경제성의 원천이 서로 다르다는 사고에서 근거한 것이다. 자원공유의 필요성 개념을 중심으로 기업본부의 입장에서 다각화의 문제를 조명하는 연구자들이었다. 기업수준의 분석을 통해 기업본부의 지배구조와 통제문제, 다각화 유형에 따른 사업부 간의 협동적 혹은 경쟁적 관계, 통제적 방법 및 다각화 정도와 사업부의 연구개발의 투자의 관계, 다각화 유형과 자원공유 및 분권화의 관계들에 관한 문제를 검토하고 있다.

Constantinos C. Markides and Christopher D. Ittner(1994)의 연구에서는 1975년에서 1988년까지 국제인수 공시 때 비정상수익률의 변화를 설명하고자 했고, 해외 인수가 인수하는 기업의 주주들의 가치를 창출하고 국제적인 인수가 순이익과 관계가 있다는 것을 보여 주고 있다. 전반적으로 국제적인 인수에 의해 창출된 부는 인수의 특징(관련이냐 비관련이냐), 입찰하는 기업의 산업 특징(집중 수준과 광고선전비 집약도), 인수하는 기업의 특징(이전에 국제화의 경험과 최근의 수익성), 그리고 거시결제의 환경의 특징(관세규율과 달러화의 상대적인 강세)으로 설명하고 있다.

조동성(1986)은 다각화가 기업의 경영성과에 긍정적인 영향을 미치는 것은 아니며 업종별로 그 효과가 차이가 있다고 주장하였으며 이어 조동성(1990)은 45개 재벌군을 대상으로 한 연구에서 재벌 기업의 다각화는 수익성에 부정적인 영향을 미쳤으나 성장성에는 긍정적인 영향을 미쳤다고 주장하였다.

# Ⅲ. 연구가설 설계

　국내·외의 다각화의 기업가치에 관한 많은 연구결과에도 불구하고 아직도 연구기간이나 표본에 따라 그리고 연구자의 연구방향에 따라 기업다각화의 가치 관련성에 관한 연구결과는 상이한 결과를 도출하고 있으며, 이에 대한 명백한 결과나 일관된 이론을 제시하지 못하고 있다. 특히 국내 연구의 대부분은 기업집단, 즉 재벌 기업을 대상으로 다각화의 경제적 효과를 분석하였을 뿐 개별 기업차원에서의 연구는 거의 이루어지지 않고 있다.

　본 연구는 국내 상장기업을 대상으로 기업다각화의 가치 관련성을 개별 기업차원에서 살펴보고, 외부환경의 변화와 관련된 IMF 구제금융체제 전후기간에 대한 비교분석을 한다. 그리고 지분의 소유집중화도와 소유 주체에 따라 다각화의 성과에 미치는 영향을 대리인문제의 관점에서 살펴보고자 한다. 마지막으로 기업의 다각화 공시에 대한 자본시장의 반응을 살펴보고 관련－비관련의 다각화 유형에 따른 기업가치 관련성을 상호 비교·검증하고자 한다.

## 제1절 기업다각화의 가치 관련성

　지금까지의 선행연구에 따르면 기업다각화와 기업가치 간에는 양($+$) 또는 음($-$)의 상관관계가 있는 것으로 밝혀져 일치된 견해를 보이지 못하고 있다. 그 실례로 Lang & Stulz(1994), Berger & Ofek(1995), Servaes(1996)의 연구결과는 지난 30년간 미국기업의 경우 기업의 다각화는 기업가치를 하락시키는 것으로 보고하고 있으며, 국내 기업을 대상으로 한 윤영섭·김성표(1999)의 연구결과도 다각화는 기업가치를 하락시키는 것으로 보고하고 있다.

한편 Stein(1997)은 다각화기업의 내부 자본시장이 외부시장의 불완전성을 대체할 수 있는 보험기능 역할을 하여 기업가치를 증가시킨다고 주장하였다. 그리고 국내 연구에서도 구명회·김병곤(1999)의 연구결과도 다각화는 기업가치에 긍정적인 영향을 미치는 것으로 보고되고 있다.

따라서 본 연구에서도 연구대상 기간인 1996년부터 2001년의 최근 6년 동안의 전체 표본기업을 대상으로 기업의 다각화와 기업가치의 관련성을 살펴보고, 각각의 연도별로 다각화와 기업가치 관련성을 분석하기 위해 위와 같은 가설을 설정하였다.

다각화와 관련된 수많은 연구의 결과, 연구자마다 설정한 대상 기간에 따라 연구의 결과가 상이하게 나타나고 있어 본 연구에서는 최근 6년 동안의 전체적인 가치 관련성을 살펴보고, 각각의 연도별, 그리고 관련-비관련의 다각화 유형별로 살펴봄으로써 다각화가 기업가치에 미치는 원인을 분석하고자 한다.

먼저 기업의 다각화와 기업가치 관련성을 연구하기 위하여 선행연구를 바탕으로 다음과 같은 가설을 설정한다.

**[가설 1-1] 기업다각화는 기업가치와 양( + ) 또는 음( - )의 상관관계가 있다.**

Jensen(1986)과 Stulz(1990)의 연구에 따르면, 경영자는 대규모 기업을 경영함으로써 향유할 수 있는 권력과 위신 등 자신의 사적 이익을 증가시킬 목적으로 다각화를 추진한다고 주장하고 있다. 또한 Jensen & Murphy(1990)는 기업규모에 따른 경영자의 보상 때문에 경영자가 다각화를 추진할 수 있다고 주장하고 있다.

이렇게 경영자는 다각화를 통해 기업의 규모 확장을 시도하고 이렇게 확장된 대규모 기업을 경영함으로써 향유할 수 있는 사적 이익을 추구한다는 것이다. 그러므로 대규모 기업의 경영자일수록 다각화를 추구할 유인이 크다. 다각화를 통한 경영자 자신의 사적 이익의 추구는 결국 기업가치를 감소시키는 결과를 가져온다.

한편 기업의 규모가 큰 기업일수록 많은 사업부를 운영하는 경향이 일반적이다. 이렇게 사업부를 추가함으로써 다각화 전략을 채택하게 되는데, 경제학에서의 한계효용이 체감의 법칙과 같이 사업부 추가로 인한 다각화 초과가치는 점차 감소할 것으로 예상된다.

이러한 상황으로 보아, 기업규모가 크면 다각화 정도는 커지고 다각화 초과가치는 감소하여 규모와 다각화 초과가치는 음(-)의 상관관계를 가질 것으로 예상된다. 본 연구에서는 기업의 규모에 따른 다각화의 효과에 차이가 있는지를 검증하기 위하여 다각화 초과가치와 기업규모의 관계에 대해 다음과 같은 가설을 설정한다.

**[가설 1-2] 기업규모와 다각화 초과가치는 음(-)의 상관관계가 있다.**

기업이 다각화를 추진하기 위해서는 많은 자금이 필요하다. 자금조달은 기업 내부에 유보된 잉여자금을 이용할 수도 있지만 대다수의 기업들은 부채를 조달하여 투자자금을 마련한다. 부채를 조달하면 부채의 이용에 따른 이자비용의 절세효과를 누릴 수 있고, 자기자본보다 상대적으로 적은 자본비용을 부담하기 때문이다. 그러나 일정한 부채수준을 초과한 경우 추가적인 부채의 조달에 따른 자본비용이 증가함으로 인해 기업가치를 감소시키는 결과를 가져온다. 그러므로 부채의 수준이 높을수록 다각화 초과가치는 작아져 부채비율과 다각화 초과가치는 음(-)의 상관관계를 가질 것으로 예상된다. 그래서 다음과 같은 가설을 설정한다.

**[가설 1-3] 부채비율과 다각화 초과가치는 음(-)의 상관관계가 있다.**

자본적 지출액은 기업의 성장성을 반영하는 지표로 성장성이 높은 기업일수록 새로운 사업에 진출하려는 강한 유인을 갖게 된다. 그래서 기업의 성장성은 다각화 초과가치와 양(+) 또는 음(-)의 관련성이 있을 것이다. 이를 검증하기 위하여 다음과 같은 가설을 설정한다.

**[가설 1-4] 자본적 지출액과 다각화 초과가치는 양(+) 또는 음 (-)의 상관관계가 있다.**

기업의 다각화는 기업의 수익성에 영향을 미칠 뿐만 아니라 반대로 수익성이 높은 기업은 다각화를 추구하여 더 높은 수익을 달성하려고 할 것이다. 이러한 다각화 전략이 기업의 수익성과 어떤 상관성을 가지는지를 검증하기 위하여 다음과 같은 가설을 설정한다.

**[가설 1-5] 총자산수익률(ROA)과 다각화 초과가치는 양(+) 또는 음(-)의 상관관계가 있다.**

잉여 현금흐름이 많은 기업은 다각화를 추진하려는 동기를 가진다.

기업이 현재의 영업능력을 유지하고도 남는 가처분 현금흐름이 클수록 새로운 사업에 진출하려는 강한 유인을 가지게 된다. 가처분 현금흐름이 양호한 기업은 부실한 사업부문에 대한 투자를 증가시키거나 양호한 사업부문에서 부실 사업부문으로의 교차보조(cross subsidization) 현상으로 기업 전체의 가치에 부정적인 영향을 미칠 수 있다. 그러므로 이러한 현금흐름의 변동성은 다각화 초과가치에 양(+) 또는 음(-)의 영향을 미치게 된다. 이를 검증하기 위하여 다음과 같은 가설을 설정한다.

**[가설 1-6] 현금흐름의 변동과 다각화 초과가치는 양(+) 또는 음(-)의 상관관계가 있다.**

# 제2절 지분소유 집중화도와 다각화 초과가치와의 관련성

일반 투자자들은 자본시장에서 위험자산에 대한 포트폴리오를 구성하여 위험을 분산시킬 수 있지만, 사업을 운영하는 기업의 경영자는 일반 투자자와는 달리 다양한 사업으로 포트폴리오를 구성하여 자신의 위험을 분산시킬 수 있다. 이러한 관점에서 경영자는 다각화를 추진할 가능성이 존재한다.

Amihud & Lev(1981)에 따르면, 경영자는 자신의 가치를 유지하고 자신의 사업상 포트폴리오 위험을 최소화하기 위하여 다각화를 추진할 수 있다고 하였다. Shleider & Vishny(1989)는 경영자는 자신이 더 잘 운영할 수 있는 사업부문으로 다각화함으로써 기업 내에서 자신의 입지를 방어하려고 한다고 주장하였다.

Denis, Denis & Sarin(1997)과 Liebeskind & Opler(1994)의 연구는 대리인문제와 다각화를 다룬 대표적인 실증연구이다. Denis, Denis & Sarin는 경영자의 소유지분율과 다각화 수준 간에는 강한 음(-)의 상관관계가 존재하며, 대리인문제가 다각화의 중요한 동기라고 주장하고 있다. Liebeskind & Opler는 소유분산이 잘 된 기업에 비해 소유가 특정인에 집중된 기업의 경우 다각화 수준이 더 낮으며, 대리인비용이 적음을 지적하고 있다. 국내 연구로는 윤영섭과 김성표(1999)와 구맹회와 김병곤(1999)을 들 수 있는데 두 연구 모두에서 다각화 수준과 경영자 소유지분 간에는 음(-)의 상관관계가 존재함을 보이고 있다.

그러므로 기업 소유지분의 내부 경영자에 대한 집중화 정도는 다각화 전략에 중요한 동기요인이 될 수 있다. 선행연구에서 유추해 볼 때, 지분소유 집중화가 높을수록 다각화 수준은 낮아지고, 다각화 수준이 낮을수록 다각화 초과가치는 높아질 것으로 예상되므로 지분소유 집중화 정도와 다각화 초과가치의 관계를 분석하기 위하여 다음과 같은 가설을 설정한다.

**[가설 2-1] 지분소유 집중도와 다각화 초과가치는 양(+)의 상관관계가 있다.**

기업의 다각화 동기는 다각화로 인한 직접적인 효용성 여부와 다각화 의사결정의 주체인 경영자의 판단에 의해 수행되는 것이 지금까지의 연구결과이다. 그러나 기업의 의사결정에 관계하는 다양한 이해관계자의 영향력에 따라 기업이 수행하는 다각화 전략의 성패도 크게 영향을 받게 된다. 그러므로 기업의 지분이 금융기관, 다른 관계법인, 또는 개인에 집중되었는지에 따라 다각화로 인한 다각화 초과가치에 영향을 미칠 수 있다. 이러한 지분소유 주체에 따라 다각화 초과가치에 미치는 효과를 분석하기 위해 다음과 같은 가설을 설정한다.

**[가설 2-2] 지분소유 주체에 따라 다각화 초과가치에 미치는 영향은 차이가 있을 것이다.**

# 제3절 다각화 공시에 대한 시장반응

Ball & Brown(1968)의 연구 이후, 회계정보에 대한 자본시장의 반응 연구로부터 기업의 전략적 의사결정에 대한 자본시장의 반응을 연구함으로써 자본시장의 효율성을 검증하고자 하는 수많은 연구가 있었지만, 기업의 다각화에 대한 자본시장의 반응을 분석한 연구는 거의 이루어지지 않고 있다.

본 연구에서는 기업의 다각화에 대한 자본시장의 반응을 실증적으로 분석하여 제1절에서 분석한 가치 관련성과 비교 분석한다. 선행연구에 따르면 다각화는 규모의 경제, 범위의 경제, 시너지효과, 위험 분산 등의 효과를 갖는 것으로 보고되고 있다. 특히 관련다각화의 경우는 규모의 경제, 범위의 경제, 시너지효과를 갖는 것으로, 비관련다각화의 경우는 위험분산의 효과를 갖는 것으로 보고하고 있다. 본 연구에서도 다각화기업을 관련다각화와 비관련다각화기업으로 나누어 다각화 유형별 공시에 대한 자본시장의 반응을 살펴본다.

기업의 다각화 전략은 변화하는 환경에 능동적으로 대처하고 장기적인 성장과 발전을 위한 중요한 방법이다. 그러나 이러한 다각화는 많은 자금이 필요할 뿐만 아니라 다각화에 따르는 위험 또한 상당히 크다. 그러므로 기업의 다각화 전략은 사전에 치밀한 계획과 신중한 분석을 통해 수행할 것이다. 즉, 다각화를 통해 기업가치를 증대시킬 것이라는 확신이 없으면 추진하지 않을 것이다. 이러한 기업의 정상적인 행위는 자본시장에서의 투자자들도 긍정적인 평가를 할 것이다. 그러나 경영자 자신의 사적 이익추구 등 비정상적인 동기에 의한 기업의 행위의 결과 추진되는 다각화 전략에 대해서는 투자자들은 부정적인 평가를 할 것이다. 그러므로 다음과 같은 가설을 설정한다.

**[가설 3-1] 기업의 다각화 공시에 대해 자본시장은 정(+) 또는 부(-)의 반응을 보일 것이다.**

선행연구에 따르면, 관련다각화 전략은 규모의 경제, 범위의 경제, 시너지효과 등을 갖는 것으로 보고되고 있다. 특히 Seth(1990)는 관련다각화 전략을 사용하는 기업은 기존의 사업부문과 같은 분야로 진출하기 때문에 기업의 가치를 증대시킨다고 주장하였다. 이러한 Srth(1990)의 주장을 국내 자본시장에서 검증하기 위해 다음과 같은 가설을 설정한다.

**[가설 3-2] 관련다각화의 공시에 대해 자본시장은 정(+)의 반응을 보일 것이다.**

비관련다각화의 경우, 위험 분산과 절세효과 등의 장점을 갖는 반면, 이종산업으로의 진출로 인하여 비효율적이고, 독점이 될 수 있으므로 투자자들은 관련다각화에 비해 부정적인 반응을 보일 가능성도 있다.

Seth(1990)의 연구결과에 따르면 비관련다각화는 이종산업 간 상호 보조를 통해 위험을 감소시켜 기업가치를 증가시키는 것으로 보고하고 있다. 이러한 Seth(1990)의 주장에 대해 국내 자본시장에서 투자자들의 반응을 살펴보기 위해 다음과 같은 가설을 설정한다.

[가설 3-3] 비관련다각화의 공시에 대해 자본시장은 정(+)의 반응
을 보일 것이다.

# Ⅳ. 연구설계

## 제1절 변수의 정의 및 측정

### 1. 다각화 수준

일반적으로 기업다각화 관련연구에서 사용되는 다각화 정도를 나타내는 대용변수는 허핀달지수(Herfindahl Index)[31]와 기업이 운영하고 있는 사업부의 수 등이다. 우리나라의 경우, 현행 규정상 다각화 수준에 대한 자료를 얻는다는 것이 매우 힘든 실정이다. 그래서 본 연구에서는 다각화 수준에 대한 대용치로 기업이 운영하는 사업부의 수를 사용한다.

먼저 다각화 여부는 통계청에서 공시하는 표준산업 분류표의 중분류 (SIC2)기준으로 영위사업부수가 2개 이상인 기업을 다각화기업으로 구분하고, 사업부 각각이 중분류(SIC2)기준으로 상이한 코드를 사용하는 경우는 비관련다각화로, 동일한 사업부를 영위하는 경우는 관련다각화

---

31) 허핀달지수(Herfindahl Index)는 기업 내 각 사업부문 매출액 또는 자산의 구성비율을 자승하여 합계한 것으로, 기업의 다각화 수준을 나타내는 주요 지표이다. 모든 사업부문의 규모가 동일한 경우 허핀달지수(HI)는 1/N(N : 사업부문의 수)이 되며, 단일사업 기업인 경우에는 1이 된다.

$$HI = \frac{\sum_{1}^{n} S_i^2}{(\sum_{i=1}^{n} S_i)^2}$$

HI: 허핀달지수
$S_i$ : i 사업부문의 매출액
n : 영위사업수

로 분류하였다. 한편 독립된 사업부로 판정하기 위해서는 「증권거래법 시행규칙」의 사업부문별 보고 규정을 참고하였다.

사업부문별 보고에 대한 증권거래법시행규칙에 따르면 분류·보고해야 할 사업부문을 결정하는 데 있어서 매출액, 영업이익 및 총자산을 기준으로 어느 하나가 전체의 10% 이상이면 공시하도록 하였고, 재무정보를 지역별로 분류함에 있어서 개별 및 연결재무제표를 기준으로 매출액 또는 자산이 전체의 10% 이상이면 공시하도록 하고 있다. 그러므로 표본기업 중 다각화기업으로 분류되기 위해서는 위의 규정에 따라 단일사업부의 매출액 비중이 전체 매출액의 10% 이상인 둘 이상의 사업부를 운영하는 경우를 대상으로 하였다.

기업이 특정연도에 운영하고 있는 사업부에 대한 자료는 금융감독원 전자공시시스템에 공시된 사업보고서와 감사보고서의 자료로부터 얻었고, 상장회사 협의회의 「상장회사총람」과 시중 증권회사의 「상장기업분석」을 참조하였다.

## 2. 다각화 초과가치

다각화와 기업가치 관련성을 검증하기 위한 기업가치의 대용변수로 본 연구에서는 다각화 초과가치(Excess Value: EV)를 사용하였다. Berger and Ofek(1995)의 연구에서는 다각화 초과가치를 다각화기업 내의 각 사업부문이 독립적으로 운영되었을 경우를 가정하여 가치의 합과 다각화기업의 전체 가치를 상호 비교하여 산출하였다. 그러나 본 연구에서는 사업부에 대한 상세한 자료를 얻을 수 없기 때문에 각각의 사업부의 가치를 해당 사업부가 속한 사업의 단일사업기업의 가치의 중앙값(median)으로 구하여 이와 다각화기업의 전체 가치와 비교하는 방법을 사용하였다. 본 연구에서 사용된 다각화 초과가치를 계산하는 산식은 다음과 같다.

$$EV_{i,t} = \ln(Q_{i,t,k} / \Phi_{i,t,k})$$

$EV_{i,t}$=i 기업의 t 시점에서의 다각화 초과가치

$Q_{i,t,k}$=k 산업에 속하는 i 기업의 t 시점에서의 Tobin's q

$\Phi_{i,t,k}$=k 산업분류 내 단일사업기업의 t 시점에서의 Tobin's q의 중앙값
(median)

위 산식에서 Tobin's q 계산에서 분자에는 자기자본의 시장가치와 부채의 장부가치를 합한 값을 사용하였고, 분모에는 Lindenberg and Ross(1981)의 수정된 시장가치 대 장부가치비율을 참고하여 자산의 장부가치를 사용하였다. 자기자본의 시장가치를 계산하기 위해 3월 말 주가를 사용하여 계산하였다.

또한 기업가치에 대한 산업별효과를 고려하여 다각화 효과를 측정하기 위하여 산업조정 다각화 초과가치를 측정하였다. 즉, 한국표준산업분류표에 따라 한국증권거래소에서 부여한 산업코드를 기준으로 각 개별 기업 Tobin's q를 각 기업이 속한 동일산업 내 단일사업을 운영하는 기업들의 Tobin's q의 중앙값(median)으로 나눈 값에 자연대수를 취하여 다각화 초과가치를 계산하였다.

## 3. 기타 독립변수

다각화 초과가치에 대한 설명변수로 사용된 변수는 다각화 수준에 대한 변수, 규모변수, 재무레버리지, 자본적 지출액변수, 수익성변수, 지분소유 집중도변수, 지분소유 주체변수 등이 사용되었다.

그 세부적인 산식을 살펴보면 다음과 같다.

DIV는 다각화 여부를 구분하는 더미변수(dummy variable)로 다각화 기업인 경우는 1을 단일사업을 영위하는 기업인 경우는 0을 부여한다. 개별 기업의 여부는 사업보고서상의 운영하는 사업부수로 판단하되 단일사업부의 매출액수준이 전체 매출액의 10% 이상인 경우는 단일사업부로 간주하여 이러한 단일사업부가 2개 이상인 경우는 다각화기업으로 1개인 경우는 비다각화기업으로 분류하였다.

DN은 다각화 수준을 나타내는 변수로 다각화 더미변수(DIV)와 운영사업부수를 곱하여 계산하며, 이에 자연로그를 취하여 계산하였다.

SIZE는 기업규모에 따른 효과를 통제하기 위한 통제변수로 각 기업의 t 시점의 매출액에 자연대수를 취하여 계산하며, LEV는 기업의 재무구조를 나타내는 레버리지변수로 부채비율을 계산한 것이다. 구체적인 산식은 다음과 같다.

$$LEV = \frac{부채의장부가치_t}{(부채장부가치 + 자본의공정가치)_t}$$

CAPEX는 자본적 지출에 대한 변수로, 유형자산과 감가상각비의 연간 증감액을 총자산으로 나누어 계산하였다.

$$CAPEX = \frac{[(유형자산+감가상각비)_t - (유형자산+감가상각비)_{t-1}]}{총자산_t}$$

ROA는 수익성척도의 대용치로 이자 및 법인세전 이익을 총자산으로 나누어 계산하며, CF는 영업활동으로 인한 현금흐름(CFO)의 증감률을 나타낸다.

$$ROA = \frac{\text{이자및법인세전이익}_t}{\text{총자산}_t}, \quad CF = \frac{(CFO_t - CFO_{t-1})}{CFO_{t-1}}$$

지분소유 집중도와 지분소유 주체에 따른 효과를 검증하기 위한 변수로 MAXOWN은 소유경영자 지분율로 내부지분율을 의미하며, 이는 대주주 1인 지분율에 계열사 등 기업과 특수관계에 있는 지분율을 합한 수치이다. 그리고 지분의 소유 주체에 따른 변수로 BANK, othFIRM, PERSON은 각각 금융기관, 기타 법인, 개인이 소유하고 있는 지분율을 의미한다.

## 4. 다각화 시장반응분석 관련변수 - AR & CAR

다각화 공시에 대한 주가반응을 검증하기 위해 공시일 전후 ±20일 (총 41일간)의 초과수익률과 누적평균 초과수익률을 계산한다. 시장반응에 대한 일별 초과수익률 $AR_{it}$는 시장 조정모형(market-adjusted method)에 따라 다음과 같이 측정된다.

$$AR_{i,t} = R_{i,t} - R_{m,t}$$

$R_{i,t}$=주식 i의 t일의 수익률

$R_{m,t}$=t일의 동 일가 중 지수수익률(EWI)

한편 동 일가 중 지수수익률(EWI)은 다음과 같이 t 시점 주식수익률의 단순평균으로 측정되며, 이는 t 시점 모든 주식에 대해 동일한 비율로 투자한 포트폴리오의 수익률을 나타낸다.

$$EWI_t = \sum_{i=1}^{n} (1/N_t) \cdot R_{i,t}$$

여기서, $N_t$=t 시점의 상장종목의 수

$R_{i,t}$=주식 i의 t 시점의 수익률

본 연구는 일별 주식수익률을 이용하여 공시시점의 초과수익률을 검증한 것으로 위 초과수익률 산식을 이용하여 직접 초과수익률을 구한다. 또한 검증기간 내 일별 평균 초과수익률(AAR)과 누적평균 초과수익률(CAR)은 다음과 같이 구한다.

$$\overline{AAR} = \frac{1}{N_t} \sum_{t=1}^{n} AR_{i,t}$$

$$CAR_{(-t,\,t)} = \sum_{j=-t}^{t} \overline{AAR}$$

여기서, $N_t$=t 시점의 표본기업의 수

$-t, t$=검증기간의 시작일과 종료일

위와 같이 구해진 일별 초과수익률(AR)과 누적평균 초과수익률(CAR)에 대한 통계적 유의성(statistical significance)은 T-test를 통해 검증한다.

# 제2절 실증분석방법

## 1. 기업다각화의 가치 관련성분석

기업의 다각화에 따른 가치 관련성을 검증하기 위하여 다음과 같은 모형을 설계하였다.

먼저 다각화 수준에 영향을 미치는 것으로 분석되는 설명변수로 기존연구에서 주로 많이 사용하고 있는 변수 즉, 기업규모, 재무구조, 성장성, 수익성변수를 토대로 다음과 같은 모형을 설계하였다.

$$\log(1 + DN) = k_0 + k_1 \cdot SIZE + k_2 \cdot LEV + k_3 \cdot CAPEX$$
$$+ k_4 \cdot ROA + k_5 \cdot CF + \varepsilon \quad \cdots\cdots\cdots\cdots \text{(수식 1)}$$

$DN$: 다각화 여부(다각화: 1, 비다각화: 0)*사업부수

$SIZE$: ln(매출액) 기업규모에 대한 통제변수

$LEV$: 레버리지변수(=부채총계/(부채총계+자본의 공정가치))

$CAPEX_t$: 자본적 지출변수

$\quad$ (={(고정자산+감가상각비)$_t$ − (고정자산+감가상각비)$_{t-1}$}/총자산$_t$)

$ROA$: 이자법인세전 이익을 총자산으로 나눈 값

$CF_t$: 현금흐름변수(=(CFO$_t$−CFO$_{t-1}$)/CFO$_{t-1}$)

위(수식 1)에서 종속변수는 다각화 수준을 나타내는 것으로 다각화 여부에 대한 더미변수(다각화기업은 1, 비다각화기업은 0을 부여)와 각 기업이 운영하고 있는 사업부수를 곱한 값에 자연로그를 취한 것이다.

한편 기업의 다각화 수준은 초과가치에 직·간접적인 양( + ) 또는 음( - )의 영향을 미치게 되므로 다음과 같은 모형을 설계할 수 있다.

$$EV_i = \beta_0 + \beta_1 \cdot \log(1+DN) + \varepsilon_i \quad \cdots\cdots\cdots\cdots\cdots\cdots\cdots(\text{수식 } 2)$$

(수식 2)를 (수식 1)에 대입하여 절편과 변수의 계수를 α로 변환·정리하면 다음 Model 1.과 같이 된다.

$$\text{Model 1. } EV_i = \alpha_0 + \alpha_1 \cdot SIZE + \alpha_2 \cdot LEV + \alpha_3 \cdot CAPEX$$
$$+ \alpha_4 \cdot ROA + \alpha_5 \cdot CF + \varepsilon_i$$

위 Model 1.은 기업규모, 부채비율, 자본적 지출액, 총자산수익률, 영업활동으로 인한 현금흐름 변동액이 초과가치(EV)에 미치는 영향을 검증하기 위한 것으로 표본기업을 다각화기업과 비다각화기업으로 구분하여 각각 비교·검증한다.

$$\text{Model 2. } EV_i = \alpha_0 + \alpha_1 \cdot DIV + \alpha_2 \cdot SIZE + \alpha_3 \cdot LEV$$
$$+ \alpha_4 \cdot CAPEX + \alpha_5 \cdot ROA + \alpha_6 \cdot CF + \varepsilon_i$$

Model 2.는 기업의 다각화에 따른 초과가치(EV)에의 영향을 검증하기 위해 Model 1.에 다각화 여부에 대한 더미변수를 추가한 것이다. 이 모형을 세부적으로 전개하여 아래 Model 3.을 설계하였다.

Model 3.
$$EV_i = \alpha_0 + \alpha_{11} \cdot DIV + \alpha_{21} \cdot SIZE + \alpha_{22} \cdot DIV \cdot SIZE + \alpha_{31} \cdot LEV$$
$$+ \alpha_{32} \cdot DIV \cdot LEV + \alpha_{41} \cdot CAPEX + \alpha_{42} \cdot DIV \cdot CAPEX$$

$$+ \ \alpha_{51} \cdot ROA + \alpha_{52} \cdot DIV \cdot ROA + \alpha_{61} \cdot CF + \alpha_{62} \cdot DIV \cdot CF + \varepsilon_i$$

$EV_i$: i 기업의 산업조정 다각화 초과가치

$DIV_i$: 다각화변수로 다각화기업의 경우는 1, 단일사업 기업의 경우는 0인 더미
변수

$SIZE$: ln(매출액) 기업규모에 대한 통제변수

$LEV$: 레버리지변수(=부채총계/(부채총계+자본의 공정가치))

$CAPEX_t$: 자본적 지출변수
$$(=\{(고정자산+감가상각비)_t-(고정자산+감가상각비)_{t-1}\}/총자산_t)$$

$ROA$: 이자법인세전 이익을 총자산으로 나눈 값

$CF_t$: 현금흐름변수($=(CFO_t-CFO_{t-1})/CFO_{t-1}$)

## 2. 지분소유 집중도와 다각화 초과가치 관련성 검증

기업의 지분소유가 내부자에게 집중되어 있는 정도인 지분소유의 집
중도에 따라 다각화 초과가치에 미치는 영향을 검증하고자 아래와 같
은 회귀 식을 설계하였다.

$$\text{Model 4. } EV_i = \alpha_0 + \alpha_1 \cdot DIV + \alpha_2 \cdot SIZE + \alpha_3 \cdot LEV$$
$$+ \ \alpha_4 \cdot CAPEX + \alpha_5 \cdot ROA + \alpha_6 \cdot CF + \alpha_7 \cdot MAXOWN + \varepsilon_i$$

$EV_i$: i 기업의 산업조정 다각화 초과가치

$DIV_i$: 다각화변수로 다각화기업의 경우는 1, 단일사업 기업의 경우는 0

$SIZE$: ln(매출액) 기업규모에 대한 통제변수

$LEV$: 레버리지변수(=부채총계/(부채총계+자본의 공정가치))

$CAPEX_t$: 자본적 지출변수
$$(=\{(고정자산+감가상각비)_t-(고정자산+감가상각비)_{t-1}\}/총자산_t)$$

*ROA*: 이자법인세전 이익을 총자산으로 나눈 값

$CF_t$: 현금흐름변수( $=(CFO_t - CFO_{t-1})/CFO_{t-1}$ )

*MAXOWN*: 소유경영자 지분율(최대주주와 특수 관계자 소유지분율)

한편 위 Model 4.를 기준으로 하여 분석대상 연도를 개별 연도 즉, 1개 연도(1996, 1997, 1998, 1999, 2000, 2001)에 대해 각각 회귀분석을 실시하였다. 그리고 2개 연도(1996-1997, 1998-1999, 2000-2001), 3개 연도(1996-1998, 1999-2001)에 대해서도 각각 같은 회귀분석을 실시하였다. 이와 같이 분석연도를 2~3개년의 간격을 두고 분석을 실시한 것은 기업의 다각화 수준이 매년 급격히 달라지기보다는 장기적인 변화추세를 보이고, 다각화의 효과도 단기적으로보다는 장기적으로 기업가치에 영향을 미치는 특징이 있기 때문에 이런 효과를 살펴보기 위함이다.

특히 3개 연도씩 구분한 검증은 1997년 말을 기준으로 IMF 외환위기를 경험하는 시기로 우리나라 상장기업의 급격한 외적 환경 변화를 경험한 시기이므로, 특히 이 시기와 그 이후의 시기에 대한 다각화 효과를 비교 검증할 필요가 있기 때문이다.

## 3. 지분소유 유형과 다각화 초과가치의 관련성 검증

지분소유 유형이 다각화 초과가치에 미치는 영향을 분석하기 위한 회귀식을 아래와 같이 설계하였다. 지분의 소유 유형은 금융기관, 기타 법인, 개인으로 크게 구분하여 각각의 소유 유형이 다각화 초과가치에 대한 민감도를 분석한다.

Model 5. $EV_i = \alpha_0 + \alpha_1 \cdot DIV + \alpha_2 \cdot BANK$
$$+ \alpha_3 \cdot othFIRM + \alpha_4 \cdot PERSON + \varepsilon_i$$

$EV_i$: i 기업의 산업조정 다각화 초과가치

$DIV_i$: 다각화변수로 다각화기업의 경우는 1, 단일사업 기업의 경우는 0

$BANK$: 금융기관이 보유하고 있는 지분율

$othFIRM$: 기타 법인이 보유하고 있는 지분율

$PERSON$: 개인이 보유하고 있는 지분율

## 4. 다각화 공시에 대한 자본시장의 반응

기업의 다각화 공시에 대한 자본시장의 반응을 살펴보기 위하여 시장 조정모형(market-adjusted model)을 이용하여 다각화 공시 전후 ±20일(거래일기준: 총 41일)간의 누적평균 초과수익률(CAR)의 추세를 분석하였다. 한편 다각화 유형을 관련과 비관련으로 구분하여 동일한 방법을 적용하였다.

시장수익률 측정치로서 기존의 실증연구들에서는 종합주가 지수수익률을 사용하였으나, 종합주가 지수수익률은 '종합주가지수의 증가율'로 산출되는 것으로, 김권중(1993)[32]에 따르면 종합주가 지수수익률을 시장수익률의 대용치로 사용하는 데는 다음과 같은 문제점이 야기된다.

첫째, 종합주가 지수수익률에는 배당수익률이 원천적으로 제외되어 있으며, 둘째, 유상증자, 신규상장, 등이 발생하면 기준시가 총액을 수정하여 종합주가지수를 측정하는바 이로 인해 지수수익률 측정치에는 주식의 수익률이 아닌 가공의 수치가 포함되게 되고, 셋째, 재벌그룹의 경우 계열회사 간의 상호 출자로 인해 주식의 가중치 계산에 오류가 발생하고 있다. 따라서 본 연구에서는 동일가중 지수수익률을 시장수익률

---

32) 김권중, 1993, "대체적 EPS 측정방법과 이를 이용한 이익, 매출액 및 비용의 정보가치분석", 회계학연구 제17호, pp.1-28.

의 측정치로 사용하여 초과수익(AR)을 계산하였다.

시장반응에 대한 일별 초과수익률 $AR_{it}$는 시장 조정모형(market-adjusted method)에 따라 다음과 같이 측정된다.

$$AR_{i,t} = R_{i,t} - R_{m,t}$$

$R_{i,t}$ = 주식 i의 t일의 수익률

$R_{m,t}$ = t일의 동일가중 지수수익률

이렇게 계산된 $AR_{it}$을 일자별로 평균하여 누적함으로써 일자별 누적 평균 초과수익률을 계산한다.

# 제3절 표본기업의 선정

기업의 다각화 전략에 대한 기업가치 관련성을 연구하기 위해 기업의 다각화 여부를 먼저 판단할 필요가 있다. 1996년부터 2001년의 6년간을 표본기간으로 선정하였다. 분석기간 6개 년도에 계속 한국증권거래소에 상장되어 있는 기업 중 사업보고서에 두 개 이상의 사업부문 재무정보를 공시한 기업을 다각화기업으로 선정하였고, 하나의 사업만을 운영하는 기업은 비다각화기업으로 선정하였다. 사업보고서 공시내용 중 단일사업부의 매출액 비중이 기업 전체 매출액의 10% 미만인 기업은 독립된 단일사업부로 간주하지 않았다.[33]

한편 비상장기업의 경우는 표본기업에서 제외시켰다. 그 이유는 비상장기업에 대한 재무제표 자료는 의무공시 사항이 아니기 때문에 자료의 수집이 곤란하고 상장회사에 비하여 기업규모 면에서 영세하고 기업을 둘러싼 이해관계자의 수가 적어 국민경제에 미치는 영향이 상장기업에 비하여 적기 때문이다.

표본기업에 포함된 기업의 선정기준을 열거하면 다음과 같다.


① 1996년 12월 31일부터 2001년 12월 31일 현재까지 한국증권거래소에 계속 상장된 기업

② 은행, 증권, 보험 등을 제외한 비금융업종 영위기업

③ 연구기간 동안 해당 연도에 분석에 필요한 재무 자료를 구할 수 있는 기업

④ 12월 결산법인으로 관리대상 종목이 아닌 기업


위의 조건을 모두 충족시키는 기업으로 최종적으로 선정된 업종별－연도별 표본기업의 현황은 아래 [표-1]과 같다.

---

33) 사업부문별 보고에 대한 증권거래법시행령규칙에 따르면 분류·보고해야 할 사업부문을 결정하는 데 있어서 매출액, 영업이익 및 총자산을 기준으로 어느 하나가 전체의 10% 이상이면 공시토록하였고, 재무정보를 지역별로 분류함에 있어서 개별 및 연결재무제표를 기준으로 매출액 또는 자산이 전체의 10% 이상이면 공시하도록 하고 있다. 그러므로 표본기업 중 다각화기업으로 분류되기 위해서는 위의 규정에 따라 단일사업부의 매출액 비중이 전체 매출액의 10% 이상인 둘 이상의 사업부를 운영하는 경우라야 한다.

92

## [표-1] 업종별 - 연도별 표본기업현황

| 업 종 | 전체 | 1996 | | | 1997 | | | 1998 | | | 1999 | | | 2000 | | | 2001 | | |
|---|---|---|---|---|---|---|---|---|---|---|---|---|---|---|---|---|---|---|---|
| | | 단일 | 복수 | 제외 | 단일 | 복수 | 제외 | 단일 | 복수 | 제외 | 단일 | 복수 | 제외 | 단일 | 복수 | 제외 | 단일 | 복수 | 제외 |
| 음식료품 제조업 | 43 | 26 | 5 | 12 | 25 | 13 | 5 | 25 | 13 | 5 | 25 | 14 | 4 | 26 | 14 | 3 | 25 | 15 | 3 |
| 섬유, 의복제품 제조업 | 46 | 28 | 8 | 10 | 32 | 8 | 6 | 30 | 10 | 6 | 30 | 12 | 4 | 30 | 12 | 4 | 29 | 13 | 4 |
| 펄프, 종이 및 종이제품, 목재 제조업 | 24 | 17 | 5 | 2 | 18 | 6 | 0 | 18 | 6 | 0 | 17 | 7 | 0 | 17 | 7 | 0 | 18 | 6 | 0 |
| 화합물 및 화학제품 제조업 | 85 | 53 | 13 | 19 | 49 | 24 | 12 | 49 | 26 | 10 | 47 | 33 | 5 | 47 | 33 | 5 | 48 | 33 | 4 |
| 의약품 제조업 | 37 | 27 | 3 | 7 | 27 | 4 | 6 | 27 | 4 | 6 | 29 | 5 | 3 | 29 | 5 | 3 | 30 | 5 | 2 |
| 비금속 광물제품 제조업 | 24 | 13 | 8 | 3 | 12 | 11 | 1 | 11 | 12 | 1 | 11 | 12 | 1 | 11 | 12 | 1 | 11 | 12 | 1 |
| 철강, 금속제품 제조업 | 41 | 29 | 1 | 11 | 28 | 4 | 9 | 29 | 3 | 9 | 31 | 3 | 7 | 31 | 3 | 7 | 31 | 3 | 7 |
| 기계장비 제조업 | 41 | 19 | 12 | 10 | 20 | 14 | 7 | 20 | 14 | 7 | 22 | 14 | 5 | 21 | 15 | 5 | 21 | 15 | 5 |
| 전기, 전자제품 제조업 | 88 | 43 | 14 | 31 | 40 | 26 | 22 | 39 | 29 | 20 | 44 | 28 | 16 | 42 | 31 | 15 | 45 | 28 | 15 |
| 의료, 정밀제품 제조업 | 9 | 5 | 1 | 3 | 5 | 2 | 2 | 5 | 2 | 2 | 3 | 4 | 2 | 3 | 5 | 1 | 3 | 5 | 1 |
| 운수장비 제조업 | 37 | 24 | 6 | 7 | 20 | 14 | 3 | 21 | 13 | 3 | 25 | 10 | 2 | 25 | 10 | 2 | 25 | 10 | 2 |
| 유통업 | 47 | 20 | 15 | 12 | 18 | 19 | 10 | 19 | 18 | 10 | 17 | 21 | 9 | 17 | 21 | 9 | 17 | 22 | 8 |
| 전기, 가스업 | 10 | 9 | 1 | 0 | 9 | 1 | 0 | 9 | 1 | 0 | 9 | 1 | 0 | 9 | 1 | 0 | 9 | 1 | 0 |
| 건설업 | 42 | 20 | 17 | 5 | 17 | 21 | 4 | 16 | 23 | 3 | 13 | 27 | 2 | 13 | 27 | 2 | 13 | 26 | 3 |
| 운수창고업 | 16 | 12 | 3 | 1 | 11 | 5 | 0 | 10 | 5 | 1 | 5 | 10 | 1 | 5 | 10 | 1 | 5 | 10 | 1 |
| 통신업 | 3 | 1 | 1 | 1 | 1 | 1 | 1 | 1 | 1 | 1 | 1 | 1 | 1 | 1 | 1 | 1 | 1 | 1 | 1 |
| 서비스업 | 10 | 5 | 3 | 2 | 6 | 4 | 0 | 6 | 4 | 0 | 6 | 4 | 0 | 6 | 4 | 0 | 6 | 4 | 0 |
| 기타 제조업 | 22 | 11 | 6 | 5 | 10 | 9 | 3 | 10 | 9 | 3 | 10 | 10 | 2 | 9 | 11 | 2 | 10 | 10 | 2 |
| 계 | 625 | 362 | 122 | 141 | 348 | 186 | 91 | 345 | 193 | 87 | 345 | 216 | 64 | 342 | 222 | 61 | 347 | 219 | 59 |

한편 표본기업의 재무제표 자료는 먼저 한국신용평가(주)의 KIS-FAS 자료를 통해 얻고, 여기서 얻지 못한 자료는 증권거래소에 비치된 슬라이드 자료, 한국공인회계사회 자료, 시중 증권회사의 「상장기업분석」을 통해서 수집했다. 이렇게 수집된 재무제표 자료는 증권거래소 공시실에 비치된 상장회사총람(1995년부터 2001년 자료)과 금융감독원의 전자공시시스템의 자료를 토대로 누락된 자료를 보충하고 수정하였다.

# V. 실증분석결과

## 제1절 기술통계

　[표-2]는 표본기업 전체에 대한 각 변수들의 기본적인 통계량을 요약한 것이다.

　관측치 2974개의 표본에 대해 다각화 초과가치는 최소값이 −0.9783 최대값이 2.2027로 평균적으로는 양(+)의 값을 가지는 것으로 나타났다. 하지만 이 결과는 다각화기업과 비다각화기업을 구분하지 않은 것으로 이를 구분하여 살펴보면 상이한 결과를 보인다.

　한편 상관관계 분석에서 다각화 초과가치(EV)에 대한 각 변수들의 통계적 유의성은 1% 수준에서 유의하며, 상관관계가 있는 것으로 나타나고 있다. 그리고 다각화변수, 기업규모, 레버리지변수, 현금흐름변수는 다각화 초과가치에 대해 음(−)의 상관성을 지니며, 총자산수익률, 자본적 지출액변수, 지분소유 집중화도변수는 양(+)의 상관성이 있는 것으로 나타났다. [표-3]은 각 변수에 대한 상관관계 분석결과를 요약한 것이다.

**[표-2] 전체 표본기업에 대한 기술통계치**

| | | Tobin's q | EV | DIV | SIZE | LEV | ROA | CAPEX | CF | MAXOWN |
|---|---|---|---|---|---|---|---|---|---|---|
| 전체표본 | 평 균 | 1.1826 | 0.0190 | 0.3566 | 5.2005 | 0.6241 | 0.0496 | 0.0248 | 0.5902 | 0.2541 |
| | 표준편차 | 0.4608 | 0.1994 | 0.4791 | 0.6358 | 2.2638 | 0.2228 | 0.1236 | 3.2250 | 0.1824 |
| | 최소값 | -5.9457 | -0.9783 | 0.0000 | 1.9845 | -79.4524 | -3.7426 | -2.4037 | -89.8360 | 0.0000 |
| | 최대값 | 10.6440 | 2.2027 | 1.0000 | 7.6101 | 77.6110 | 3.7712 | 0.8840 | 52.8232 | 0.9570 |
| | 관측치 | 2974 | 2974 | 2974 | 2974 | 2974 | 2974 | 2974 | 2974 | 2974 |

**[표-3] 주요 변수 간 상관관계분석**

| | EV | DIV | SIZE | LEV | ROA | CAPEX | CF | MAXOWN |
|---|---|---|---|---|---|---|---|---|
| EV | 1.0000 | | | | | | | |
| DIV | -0.0815*** | 1.0000 | | | | | | |
| SIZE | -0.1178*** | 0.2872*** | 1.0000 | | | | | |
| LEV | -0.0911*** | -0.0059 | -0.0056 | 1.0000 | | | | |
| ROA | 0.1633*** | 0.0284 | 0.0808*** | -0.1017*** | 1.0000 | | | |
| CAPEX | 0.0589*** | 0.0049 | 0.0914*** | 0.0371** | 0.2023*** | 1.0000 | | |
| CF | -0.0855*** | 0.0076 | 0.0529*** | -0.0424** | 0.1274*** | 0.0186 | 1.0000 | |
| MAXOWN | 0.1868*** | -0.0204 | 0.0026 | -0.0074 | 0.1056*** | 0.0863*** | -0.1138*** | 1.0000 |

다각화기업과 비다각화기업을 구분한 단순기술 통계치는 [표-4]와 같다. [표-4]에 따르면, 다각화기업의 경우, 다각화 초과가치의 평균이 -0.0016으로 음(-)의 값을 보이며, 비다각화기업의 경우는 0.0259로 양(+)의 값을 나타내고 있다. 한편 초과가치계산의 분자값인 Tobin's q값이 다각화기업은 1.1670, 비다각화기업은 1.2028로 다각화기업이 평균적으로 낮으며, t-value도 2.21로 5%에서 통계적으로 유의하다. 그러

므로 기업의 다각화 전략은 기업가치를 감소시키는 것으로 평가된다. 또한 t-test 결과 1% 수준에서 통계적으로 유의한 것으로 나타났다.

**[표-4] 다각화기업과 비다각화기업의 기술통계량 비교**

| | | Tobin's q | EV | SIZE | LEV | ROA | CAPEX | CF | MAXOWN |
|---|---|---|---|---|---|---|---|---|---|
| 다각화기업 | 평 균 | 1.1670 | -0.0016 | 5.4638 | 0.6050 | 0.0614 | 0.0265 | 0.4381 | 0.2880 |
| | 표준편차 | 0.3744 | 0.2483 | 0.6808 | 0.3148 | 0.1259 | 0.1030 | 1.7648 | 0.1621 |
| | 최 소 값 | -0.5310 | -1.6755 | 3.2388 | 0.0294 | -1.0644 | -0.8305 | -15.8828 | 0.002 |
| | 최 대 값 | 4.7042 | 1.4033 | 7.6101 | 2.7012 | 1.3588 | 0.8840 | 22.8066 | 0.877 |
| | 관 측 치 | 1075 | 1075 | 1075 | 1075 | 1075 | 1075 | 1075 | 1075 |
| 비다각화기업 | 평 균 | 1.2028 | 0.0259 | 5.0836 | 0.6885 | 0.0530 | 0.0292 | 0.3509 | 0.3062 |
| | 표준편차 | 0.5163 | 0.2679 | 0.5315 | 2.1111 | 0.2247 | 0.1050 | 2.3139 | 0.1566 |
| | 최 소 값 | -5.9460 | -3.6300 | 2.4818 | 0.0121 | -3.7426 | -0.8224 | -34.9395 | 0.001 |
| | 최 대 값 | 10.6440 | 2.2027 | 7.3129 | 77.6110 | 3.7712 | 0.6106 | 50.8551 | 0.957 |
| | 관 측 치 | 1899 | 1899 | 1899 | 1899 | 1899 | 1899 | 1899 | 1899 |
| t-value | | 2.21** | 4.71*** | -15.91*** | 0.44 | -1.90* | -0.30 | -0.47 | 1.17 |

*, **, ***은 각각 유의수준 10%($\alpha$=0.1), 5%($\alpha$=0.05), 1%($\alpha$=0.01)에서 유의적인 변수임.

아래 [표-5]는 다각화기업을 다각화 유형별로 관련다각화와 비관련 다각화로 구분하여 각 변수에 대한 기술 통계치를 요약한 것이다.

[표-5]에 따르면, 관련다각화의 경우 다각화 초과가치가 -0.0143, 비관련다각화의 경우는 -0.0139의 값을 보여주고 있다. 이 결과는 관련다각화가 비관련다각화에 비해 기업가치를 더 많이 감소시키는 것으로 해석된다. 또한 다각화 초과가치(EV)의 평균값에 대한 t-test 결과도 10% 수준에서 통계적으로 유의한 것으로 나타나 다각화 유형별로 다

각화 초과가치는 유의적인 차이가 있는 것으로 분석된다.

**[표-5] 관련다각화기업과 비관련다각화기업의 기술통계량 비교**

| | | Tobin's q | EV | SIZE | LEV | ROA | CAPEX | CF | MAXOWN |
|---|---|---|---|---|---|---|---|---|---|
| 관련다각화 | 평 균 | 1.1429 | -0.0143 | 5.3241 | 0.5412 | 0.0591 | 0.0289 | 0.4248 | 0.2940 |
| | 표준편차 | 0.4227 | 0.2705 | 0.6152 | 0.3057 | 0.0988 | 0.0961 | 0.9222 | 0.1469 |
| | 최 소 값 | 0.6017 | -1.6755 | 4.1660 | 0.0294 | -0.5563 | -0.2932 | -2.3871 | 0.007 |
| | 최 대 값 | 4.7042 | 1.4033 | 7.2201 | 2.7012 | 0.3406 | 0.6350 | 7.0514 | 0.700 |
| | 관 측 치 | 360 | 360 | 360 | 360 | 360 | 360 | 360 | 360 |
| 비관련다각화 | 평 균 | 1.2162 | -0.0139 | 5.5269 | 0.6340 | 0.0624 | 0.0261 | 0.4423 | 0.2853 |
| | 표준편차 | 0.3447 | 0.2488 | 0.6990 | 0.3144 | 0.1363 | 0.1072 | 2.0380 | 0.1684 |
| | 최 소 값 | -0.5306 | -1.6755 | 3.2388 | 0.0523 | -1.0644 | -0.8305 | -15.8828 | 0.002 |
| | 최 대 값 | 3.8296 | 1.2171 | 7.6101 | 2.4073 | 1.3588 | 0.8840 | 22.8066 | 0.877 |
| | 관 측 치 | 715 | 715 | 715 | 715 | 715 | 715 | 715 | 715 |
| t-value | | 2.87*** | 1.67* | -5.42*** | -3.78*** | -0.30 | -0.16 | 0.38 | 1.54 |

*, **, ***은 각각 유의수준 10%($\alpha$=0.1), 5%($\alpha$=0.05), 1%($\alpha$=0.01)에서 유의적인 변수임.

# 제2절 가설에 대한 실증분석결과

## 1. 기업다각화의 가치 관련성

[표-6]은 다각화의 가치 관련성을 연구하기 위한 선행 작업으로 기업의 다각화 수준을 결정하는 요인에 대한 분석결과를 요약한 것이다.

## [표-6] 다각화 수준과 설명변수에 대한 분석결과

$$\log(1+DN) = k_0 + k_1 \cdot SIZE + k_2 \cdot LEV + k_3 \cdot CAPEX$$
$$+ k_4 \cdot ROA + k_5 \cdot CF + \varepsilon$$

| | $k_0$ | $k_1$ | $k_2$ | $k_3$ | $k_4$ | $k_5$ | Adj $R^2$ | F-Value |
|---|---|---|---|---|---|---|---|---|
| 계수<br>(t-value) | -1.2287***<br>(-12.63) | 0.3321***<br>(18.01) | -0.0288<br>(-0.96) | -0.2510**<br>(-1.98) | -0.0156<br>(-0.26) | -0.0027<br>(-0.18) | 0.1007 | 67.59 |

위(수식 1)에 대한 분석결과는 위 [표-6]에 제시되어 있다.

(수식 1)은 기업의 다각화 수준에 영향을 미치는 요인에 대한 회귀분석으로, 위 [표-6]에 따르면, 기업규모변수의 계수값 $k_1$은 1% 수준에서 통계적으로 유의한 양(+)의 값을 가짐으로써 기업규모가 큰 기업일수록 다각화 수준이 높은 것으로 나타났다. 부채비율, 총자산수익률, 현금흐름 관련변수의 계수 $k_2$, $k_4$, $k_5$의 부호는 각각 음(-)의 부호를 갖지만 통계적으로 유의하지 않았고, 자본적 지출액 관련변수의 계수 $k_3$은 5% 수준에서 통계적으로 유의한 음(-)의 부호를 나타냈다.

위 결과는 기업규모가 크고, 자본적 지출액이 상대적으로 적은 기업이 다각화 수준이 높다는 것을 한다.

[표-7]은 Model 1.에 다각화기업과 비다각화기업을 각각 구분하여 적용한 회귀분석결과이다.

[표-7]에 따르면, 기업규모에 대한 계수 $\alpha_1$이 5% 수준에서 통계적으로 유의한 음(-)의 값을 가짐으로써 기업의 다각화 여부와 관계없이 기업규모가 클수록 초과가치(EV)의 증분을 감소시키는 것으로 보인다. 그러나 계수치의 절대값이 비다각화기업에 비해 다각화기업이 크게 나타나고 있다. 이 결과는 기업규모가 큰 기업이 다각화를 추진할 경우 기업가치가 더 많이 감소하는 것으로 분석된다.

한편 부채비율의 경우도 계수 $\alpha_2$가 1% 수준에서 통계적으로 유의한 음(-)의 값을 가짐으로서 부채비율이 높을수록 초과가치를 감소시키는 것으로 분석된다. 특히 다각화기업의 경우 절대값이 더 크게 나타나 부채비율이 높은 기업이 다각화를 할 경우 다각화로 인한 초과가치는 더욱더 감소하는 것으로 분석된다.

자본적 지출액의 변수에 대한 계수 $\alpha_3$은 다각화기업의 경우는 음(-)의 값을 가지지만 통계적인 유의성이 없고, 비다각화기업의 경우는 5% 수준에서 통계적으로 유의한 양(+)의 값을 가짐으로써 자본적 지출액이 많은 기업은 초과가치 증분에 긍정적으로 기여하는 것으로 분석된다.

총자산수익률(ROA)의 경우, 계수 $\alpha_4$는 5% 내지 1% 수준에서 통계적으로 유의한 양(+)의 값을 보이고 있다. 이는 총자산수익률이 높을수록 초과가치를 증가시키는 결과이며, 다각화기업의 경우보다 비다각화기업의 경우 계수치의 절대값이 더 크므로 초과가치의 증분에 더 크게 기여하는 것으로 보인다.

영업활동으로 인한 현금흐름의 변동(CF)의 계수 $\alpha_5$는 유의적인 음(-)의 부호를 보이며, 다각화기업의 경우 절대값이 더 크게 나타났다. 이 결과는 현금흐름의 변동이 클수록 초과가치를 감소시키며, 다각화기업의 경우 이러한 효과는 더욱 크게 나타나고 있다.

이상의 결과를 보면, 기업규모가 크고, 부채비율이 높고, 현금흐름의 변동률이 큰 기업이 다각화를 추진할 경우는 기업가치를 더욱 감소시키는 것으로 분석된다.

## [표-7] 기본모형에 대한 회귀분석결과(전체 기간)

Model 1. $EV_i = \alpha_0 + \alpha_1 \cdot SIZE + \alpha_2 \cdot LEV + \alpha_3 \cdot CAPEX$
$\qquad\qquad + \alpha_4 \cdot ROA + \alpha_5 \cdot CF + \varepsilon_i$

|  | $\alpha_0$ | $\alpha_1$ | $\alpha_2$ | $\alpha_3$ | $\alpha_4$ | $\alpha_5$ | Adj $R^2$ | F-Value |
|---|---|---|---|---|---|---|---|---|
| 다각화 기업 | 0.3701*** (6.76) | -0.0271** (-2.38) | -0.4220*** (-15.55) | -0.1279 (-1.05) | 0.2840** (2.04) | -0.0128** (-2.20) | 0.2977 | 72.47 |
| 비다각화 기업 | 0.2020*** (3.51) | -0.0217** (-2.05) | -0.1305*** (-23.40) | 0.1922** (2.29) | 0.8508*** (9.74) | -0.0096* (-1.85) | 0.3375 | 152.08 |

*, **, ***은 각각 유의수준 10%($\alpha$=0.1), 5%($\alpha$=0.05), 1%($\alpha$=0.01)에서 유의적인 변수임.

$EV_i$ : i 기업의 산업조정 다각화 초과가치,

SIZE : ln(매출액) 기업규모에 대한 통제변수,

LEV : 레버리지변수(=부채총계/(부채총계+자본의 공정가치)),

$CAPEX_i$ : 자본적 지출변수(={(고정자산+감가상각비)$_t$ - (고정자산+감가상각비)$_{t-1}$}/총자산$_t$),

$ROA_t$ : 이자법인세 전 이익을 총자산으로 나눈 값,

$CF_t$ : 영업활동으로 인한 현금흐름변동=(CFO$_t$ - CFO$_{t-1}$)/CFO$_{t-1}$

[표-8]은 기업다각화에 따른 기업가치 관련성을 검증한 결과를 요약한 것이다. [표-8]에 따르면, 다각화 여부에 대한 계수 $\alpha_1$의 부호가 음(-)의 값을 보이며, 유의수준 1%에서 통계적으로 유의한 것으로 나타나고 있다. 그러므로 기업다각화는 기업가치와 음(-)의 상관관계가 있어 기업가치를 감소시키는 것으로 분석된다.

이러한 결과는 미국의 Lang & Stulz(1994), Berger & Ofek(1995), Servaes(1996)의 연구와 우리나라의 윤영섭과 김성표(1999)의 연구결과와 일치하는 것으로 나타났다. 즉, 재벌집단을 대상으로 한 이들의 연구와 같이 개별 기업을 대상으로 한 본 연구의 경우에도 기업다각화는 기업가치를 감소시키는 것으로 나타나고 있다.

한편 기업규모, 부채비율, 성장성 척도인 자본적 지출액변수, 수익성 척도인 총자산수익률, 현금흐름변수에 대한 회귀분석결과를 개별적으로 살펴보면 다음과 같다.

먼저 기업규모(SIZE)변수에 대한 계수치 $\alpha_2$의 부호는 음($-$)의 값을 나타내며, 유의수준 1%에서 통계적으로 유의하게 나타났다. 이는 경영자들이 자신의 사적 이익을 추구하기 위하여 다각화를 추진하는 경향이 많으며, 이러한 다각화를 통한 기업규모의 확장은 기업가치를 더욱 하락시킬 수 있는 유인이 존재함을 의미한다.

우리나라의 경우, 실증적 근거에 따르면, 규모가 큰 기업일수록 다수의 사업을 운영하는 경향이 많다. 이러한 결과는 다각화변수와 다각화 초과가치 간의 음($-$)의 상관관계를 보이는 것과도 일치하는 결과이다. 또한 다수 사업부를 운영함으로 인한 위험 감소효과보다는 기업의 힘의 분산이라는 부정적인 효과가 더 크게 작용하여 기업가치를 감소시키는 것으로 분석된다.

다음 부채비율로 계산된 레버리지변수(LEV)의 계수치 $\alpha_3$의 부호는 음($-$)의 값을 가지며 이 변수 역시 유의수준 1%에서 통계적으로 유의한 것으로 나타났다. 다각화에 필요한 막대한 자금은 대부분 부채 조달을 통해 이루어지고 있으므로, 부채 조달에 따른 이자비용의 감세효과보다는 우리나라와 같은 부채수준이 높은 경우에는 추가적인 부채 조달에 따른 자본비용의 증가로 인해 기업가치의 감소효과가 큰 것으로 분석된다.

기업성장성변수로 추가된 자본적 지출액변수(CAPEX)의 계수치 $\alpha_4$의 부호는 양($+$)의 값을 가지는 것으로 나타났다. 이 변수는 유의수준 5%에서 통계적으로 유의하였다. 이러한 결과는 성장성이 높은 기업일수록 새로운 사업에 진출하거나 기존사업을 더욱 확장하려는 강한 유인을 가지며, 이러한 결과 기업다각화로 인해 기업가치 증대에 기여할 수 있음을 보여주고 있다.

그리고 총자산수익률(ROA)은 기업의 수익성을 나타내는 변수이다.

이 변수도 유의수준 1%에서 통계적으로 유의하였고, 계수치 $\alpha_5$의 부호는 양( + )의 값을 보이고 있다. 이러한 결과는 수익성이 높은 기업일수록 다각화 전략을 통해 더 높은 수익을 달성하려는 유인을 가지며, 실증적으로 기업가치에 긍정적인 효과를 갖는 것으로 분석된다.

마지막으로 현금흐름변수(CF)는 영업활동으로 인한 현금흐름의 변동률을 나타내는 변수이다. 다각화 전략을 추진하는 데 필요한 자금은 잉여 현금흐름으로부터 조달하는 것이 가장 이상적이지만, 대부분의 경우 부채 조달을 통해 이루어진다. 현금흐름변수(CF)의 계수치 $\alpha_6$은 유의적인 음( - )의 값을 가지는 것으로 분석되는데, 이는 영업활동으로 인한 현금흐름의 변동성이 적을수록 다각화 추구로 인해 긍정적인 효과를, 변동성이 큰 기업일수록 다각화로 인한 기업가치에 부정적인 효과를 미치는 것으로 분석된다.

위의 결과 다각화가 기업가치를 감소시키는 것으로 나타난 것처럼 영업활동으로 인한 현금흐름의 증가율이 클수록 잉여 현금흐름이 발생하고 이는 투자활동 즉, 다각화로 이어져 결국 기업가치를 감소시키는 것으로 보인다. 즉, 잉여 현금흐름이 양호한 기업은 투자기회가 빈약한 사업부문에 대한 과다 투자할 가능성이 높고, 이로 인해서 기업가치가 감소된다는 Stulz(1990)의 연구결과와 일치한다.

이상과 같이 Model 2.에 대한 회귀분석결과 우리나라 기업의 경우, 다각화 전략의 추구가 기업가치에 부정적인 영향을 미치며, 특히 규모가 크고, 부채비율이 높은 기업, 그리고 영업활동으로 인한 현금흐름의 변동률이 큰 기업일수록 다각화 전략에 따른 기업가치 감소효과는 큰 것으로 분석된다.

## [표-8] 기본모형에 대한 회귀분석결과(전체 기간)

Model 2. $EV_i = \alpha_0 + \alpha_1 \cdot DIV + \alpha_2 \cdot SIZE + \alpha_3 \cdot LEV$
$+ \alpha_4 \cdot CAPEX + \alpha_5 \cdot ROA + \alpha_6 \cdot CF + \varepsilon_i$

| | $\alpha_0$ | $\alpha_1$ | $\alpha_2$ | $\alpha_3$ | $\alpha_4$ | $\alpha_5$ | $\alpha_6$ | Adj $R^2$ | F-Value |
|---|---|---|---|---|---|---|---|---|---|
| Model 2 | 0.2131*** (7.31) | -0.0269*** (-3.57) | -0.0355*** (-6.22) | -0.0070*** (-4.59) | 0.0646** (2.27) | 0.1494*** (9.37) | -0.0052*** (-4.65) | 0.0594 | 34.17 |

*, **, ***은 각각 유의수준 10%($\alpha$=0.1), 5%($\alpha$=0.05), 1%($\alpha$=0.01)에서 유의적인 변수임.

$EV_i$ : i 기업의 산업조정 다각화 초과가치.

$DIV_i$ : 다각화변수로 다각화기업의 경우는 1, 단일사업 기업의 경우는 0.

SIZE : ln(매출액) 기업규모에 대한 통제변수.

LEV : 레버리지변수(=부채총계/(부채총계+자본의 공정가치)).

$CAPEX_i$ : 자본적 지출변수(={(고정자산+감가상각비)$_t$-(고정자산+감가상각비)$_{t-1}$}/총자산).

$ROA_t$ : 이자법인세전 이익을 총자산으로 나눈 값.

$CF_t$ : 영업활동으로 인한 현금흐름변동=$(CFO_t-CFO_{t-1})/CFO_{t-1}$

[표-9]는 Model 2.를 좀 더 세부적으로 분해하여 각 변수에 다각화 더미변수를 고려하여 전개한 Model 3.의 회귀분석결과이다. [표-9]에 따르면, 다각화변수(DIV)의 계수 $\alpha_{11}$은 음(-)의 값을 가지며 1% 수준에서 통계적으로 유의한 것으로 나타났다. 이는 다각화가 기업가치의 감소를 초래한다는 것을 의미한다. 한편 기업규모(SIZE)에 대한 계수 $\alpha_{21}$은 음(-)의 값을 보이며, 기업규모에 더미변수를 고려한 변수의 계수 $\alpha_{22}$는 양(+)의 값을 보이며, 두 변수 모두 1% 수준에서 통계적으로 유의하였다. 이는 다각화 여부와 상관없이 기업규모가 클수록 초과가치는 감소되며, 기업규모가 큰 기업이 다각화를 추진할 경우에는 초과가치를 증가시키는 것으로 분석된다.

부채비율로 측정한 레버리지변수(LEV)의 계수 $\alpha_{31}$과 이 변수에 더미변수를 고려한 변수의 계수 $\alpha_{32}$는 1% 수준에서 통계적으로 유의한 음(-)의 값을 보였다. 그러나 $\alpha_{31}$의 계수의 절대값이 $\alpha_{32}$의 계수의 절대값보다 작게 나타났다. 이 결과는 부채비율이 높을수록 종속변수인 초과가치를 감소시키지만, 부채비율이 높은 기업이 다각화를 추진할 경우에는 초과가치를 더 많이 감소시키는 것으로 분석된다.

다음은 자본적 지출액(CAPEX)변수로 이 변수의 계수 $\alpha_{41}$은 5% 수준에서 통계적으로 유의한 양(+)의 값을 보였다. 반면 더미변수를 고려한 변수(DIV*CAPEX)의 계수 $\alpha_{42}$는 음(-)의 값을 보였다. 하지만 통계적인 유의성은 없었다. 이러한 결과는 자본적 지출액이 많을수록 초과가치를 증가시키지만, 다각화로 인한 자본적 지출액의 증가는 초과가치에 부정적인 영향을 미치는 것으로 분석된다.

총자산수익률(ROA)의 계수 $\alpha_{51}$은 양(+)의 값을, 더미변수를 고려한 변수의 계수 $\alpha_{52}$는 음(-)의 값을 가지며 두 변수 모두 1% 수준에서 통계적으로 유의하게 나타났다. 이는 총자산수익률이 클수록 초과가치를 증가시키지만, 다각화기업의 총자산수익률의 증가는 초과가치에 부정적인 영향을 미치는 것으로 보인다.

마지막으로 영업활동으로 인한 현금흐름의 변동률(CF)의 계수 $\alpha_{61}$은 1% 수준에서 통계적으로 유의한 양(+)의 값을 보였다. 이는 영업활동으로 인한 현금흐름비율이 증가할수록 초과가치를 증가시킨다는 것으로 분석된다. 반면에 더미변수를 고려한 변수의 계수 $\alpha_{62}$는 1% 수준에서 통계적으로 유의한 음(-)의 값을 보이고 있다.

Model 3.의 분석결과, 기업규모가 작고, 부채비율 높고, 영업활동으로 인한 현금흐름의 변동률이 큰 기업이 다각화를 할 경우에는 기업가치를 더 많이 감소시키는 것으로 분석된다.

## [표-9] 기본모형의 변형 회귀분석결과(전체 기간)

Model 3.

$$EV_i = \alpha_0 + \alpha_{11} \cdot DIV + \alpha_{21} \cdot SIZE + \alpha_{22} \cdot DIV \cdot SIZE + \alpha_{31} \cdot LEV$$
$$+ \alpha_{32} \cdot DIV \cdot LEV + \alpha_{41} \cdot CAPEX + \alpha_{42} \cdot DIV \cdot CAPEX$$
$$+ \alpha_{51} \cdot ROA + \alpha_{52} \cdot DIV \cdot ROA + \alpha_{61} \cdot CF + \alpha_{62} \cdot DIV \cdot CF + \varepsilon_i$$

| | $\alpha_0$ | $\alpha_{11}$ | $\alpha_{21}$ | $\alpha_{22}$ | $\alpha_{31}$ | $\alpha_{32}$ | Adj $R^2$ | F-Value |
|---|---|---|---|---|---|---|---|---|
| Model 3. | 0.2123*** <br> (5.76) | 0.0271*** <br> (-3.72) | 0.0302*** <br> (-4.15) | 0.0430*** <br> (11.17) | 0.0667*** <br> (-26.02) | -0.3697*** <br> (-13.41) | 0.3128 | 125.84 |
| | $\alpha_{41}$ | $\alpha_{42}$ | $\alpha_{51}$ | $\alpha_{52}$ | $\alpha_{61}$ | $\alpha_{62}$ | | |
| | 0.1206** <br> (2.41) | -0.1040 <br> (-1.15) | 0.1577*** <br> (7.16) | 0.2128*** <br> (-2.82) | 0.0118*** <br> (3.33) | -0.0249*** <br> (-3.66) | | |

*, **, ***은 각각 유의수준 10%($\alpha$=0.1), 5%($\alpha$=0.05), 1%($\alpha$=0.01)에서 유의적인 변수임.
$EV_i$ : i 기업의 산업조정 다각화 초과가치,
$DIV_i$ : 다각화변수로 다각화기업의 경우는 1, 단일사업 기업의 경우는 0,
SIZE : ln(매출액) 기업규모에 대한 통제변수,
LEV : 레버리지변수(=부채총계/(부채총계+자본의 공정가치)),
$CAPEX_i$ : 자본적 지출변수(={(고정자산+감가상각비)$_t$-(고정자산+감가상각비)$_{t-1}$}/총자산),
$ROA_t$ : 이자법인세전 이익을 총자산으로 나눈 값,
$CF_t$ : 영업활동으로 인한 현금흐름변동=$(CFO_t - CFO_{t-1})/CFO_{t-1}$

다음은 추가적으로 기업의 다각화가 회계적 성과에 미치는 영향을 살펴보기 위해 다각화 전략의 추진 전·후의 기간에 자기자본 순이익률(ROE)의 변동을 비교·검증한다.

IMF 외환위기 이후 1998년과 1999년 2년 동안 다각화 전략을 채택한 기업 중 명확한 자료를 구할 수 있는 94개 기업을 선정하여 다각화 전후의 ROE를 비교하였다. 본 연구의 전체 분석기간 중 1998년과 1999년만을 선택한 이유는 IMF 외환위기의 기간은 외생적 영향으로 인한 효과를 제외하고, 또한 다각화 후의 기간이 최소한 3년의 기간 동안 자료를 얻을 수 있는 기업만을 선택하기 위함이다.

아래 [표-10]은 다각화 전·후 각각 3년간의 평균 ROE를 비교해 보

고, 다각화 직전 연도와 그 다음 연도의 ROE를 비교한 결과이다.

**[표-10] 다각화 전후기간의 증분 ROE 비교**

| | | | 기업수(비율) | 증분평균 ROE | 증분 총평균 ROE |
|---|---|---|---|---|---|
| 방법1 | 3년 전·후 비교 | 증가 | 43개(45.7%) | 0.6442 | -0.0308 |
| | | 감소 | 51개(54.3%) | -0.5982 | |
| 방법2 | 1년 전·후 비교 | 증가 | 46개(48.9%) | 0.8220 | -0.0497 |
| | | 감소 | 48개(51.1%) | -0.8850 | |
| 방법3 | 3년 전·1년 후 비교 | 증가 | 42개(44.7%) | 0.5104 | -0.0038 |
| | | 감소 | 52개(55.3%) | -0.4274 | |

위 [표-10]에 따르면, 세 가지 방법 모두에서 총표본수 94개 기업 중 다각화 후 ROE가 감소된 기업이 증가된 기업수보다 평균적으로 2.2~ 10.6% 더 많았다. 그리고 증분 총평균 ROE는 세 방법 모두에서 음 (-)의 값을 보이고 있다. 그러므로 기업다각화는 자기자본 순이익률을 더 감소시키는 것으로 보이며, 1년 전과 1년 후를 비교하는 방법 2의 경우가 가장 많은 감소를 보이고 있다.

## 2. 지분소유 집중도와 다각화 초과가치 관련성 검증

기본모형 Model 2.에 소유경영자 지분율변수(MAXOWN)를 추가하 여 기업의 지분이 소유경영자에게 집중될수록 다각화에 따른 기업가치 에 미치는 영향을 분석하고자 Model 4.의 회귀식을 설계하였다.

[표-11]은 Model 4.에 대한 실증분석결과를 요약한 것이다. 계수치 $\alpha_0 \sim$ $\alpha_6$까지의 결과는 앞의 연구결과와 동일하였고, 추가적으로 $\alpha_7$의 계수치

부호는 양(+)의 값을 가지는 것으로 나타났다. 이 변수 역시 유의수준 1%에서 통계적으로 유의한 것으로 나타났다.

한편 대리인문제와 다각화에 대한 실증연구로 Denis, Denis & Sarin(1997)과 Liebeskind & Opler(1994) 그리고 국내 연구로 역시 윤영섭과 김성표(1999)와 구맹회와 김병곤(1999)을 들 수 있다.

이들의 연구결과에 따르면, 경영자의 소유지분율과 다각화 수준 간에는 강한 음(-)의 상관관계가 존재하는 것을 보이고 있으며, 대리인문제가 다각화의 중요한 동기라고 주장하고 있다. 또한 소유분산이 잘 된 공적 기업에 비해 소유가 특정인에 집중된 사적 기업일수록 보다 덜 다각화되어 있음을 보이며, 사적 기업일수록 대리인비용이 적음을 지적하고 있다. 그리고 내부경영자들은 소유지분율이 높을수록 기업가치 감소에 대해 더 많은 부담을 갖게 되므로 다각화가 주주 부의 감소를 가져오거나 뚜렷하게 가치를 증가시키지 않는다면 다각화 전략을 채택하지 않으려는 경향을 보이고 소유지분이 낮으면 다각화에 의해 기업규모를 확대하게 되며, 대규모 기업을 경영함으로써 향유할 수 있는 권력과 위신 등 경영자 자신의 사적 이익을 증가시키고자 하는 경향이 있다고 주장한다.

본 연구의 결과는 이들의 연구와는 반대로 유의적인 양(+)의 값을 갖는 것으로 나타났다. 윤영섭과 김성표(1999)와 구맹회와 김병곤(1999)의 연구가 재벌 기업을 대상으로 한 반면, 본 연구는 개별 기업 전체를 대상으로 한 연구로, 해석상 대리인 이론의 관점에만 의존해서는 안 된다. 개별 기업차원에서 이러한 양(+)의 결과는 소유경영자 지분이 높을수록 기존의 기업경영에 중요한 영향을 초래할 수 있는 다각화를 추구함에 있어 경영자 자신의 사적인 이익만을 추구하지 않는다는 것이다. 즉, 다각화의 추구는 기업가치의 하락을 가져오며, 기업가치 하락에 대한 부담이 크므로, 경영자는 다각화 전략에 보다 신중한 태도를 보이는 것으로 분석된다. 즉, 높은 소유지분율을 가진 경영자는 다각화로 기업가치의 증가를 가져오는 경우에만 다각화 전략을 채택하는 경향이 있어 다각화로 인한 초과가치도 양(+)의 부호를 가질 것이다.

## [표-11] 지분소유의 집중도에 따른 다각화 초과가치와의 관계에 대한 회귀분석

Model 4.

$$EV_i = \alpha_0 + \alpha_1 \cdot DIV + \alpha_2 \cdot SIZE + \alpha_3 \cdot LEV + \alpha_4 \cdot CAPEX$$
$$+ \alpha_5 \cdot ROA + \alpha_6 \cdot CF + \alpha_7 \cdot MAXOWN + \varepsilon_i$$

| | $\alpha_0$ | $\alpha_1$ | $\alpha_2$ | $\alpha_3$ | $\alpha_4$ | $\alpha_5$ | $\alpha_6$ | $\alpha_7$ | Adj $R^2$ | F-Value |
|---|---|---|---|---|---|---|---|---|---|---|
| Model 7 | 0.1698*** (5.81) | -0.0255*** (-3.43) | -0.0356*** (-6.30) | -0.0070*** (-4.62) | 0.0478* (1.70) | 0.1349*** (8.52) | -0.0044*** (-3.95) | 0.1690*** (8.85) | 0.0820 | 41.20 |

*, **, ***은 각각 유의수준 10%($\alpha$=0.1), 5%($\alpha$=0.05), 1%($\alpha$=0.01)에서 유의적인 변수임.
$EV_i$ : i 기업의 산업조정 다각화 초과가치.
$DIV_i$ : 다각화변수로 다각화기업의 경우는 1, 단일사업 기업의 경우는 0.
SIZE : ln(매출액) 기업규모에 대한 통제변수.
LEV : 레버리지변수(=부채총계/(부채총계+자본의 공정가치)).
$CAPEX_i$ : 자본적 지출변수(={(고정자산+감가상각비)$_t$ - (고정자산+감가상각비)$_{t-1}$}/총자산).
$ROA_t$ : 이자법인세전 이익을 총자산으로 나눈 값.
$CF_t$ : 영업활동으로 인한 현금흐름변동=(CFO$_t$-CFO$_{t-1}$)/CFO$_{t-1}$.
MAXOWN : 소유경영자 지분율(최대주주와 특수 관계자 소유지분율)

기업의 다각화 전략은 장기적인 목적으로 추진하며, 이러한 결과는 기업가치에도 장기적인 영향을 미치게 된다. 본 연구도 이러한 점을 고려하여 1년, 2년, 3년 단위로 기간을 구분하여 분석해 봄으로써 검증기간이 길어질수록 분석모형의 적합도가 높아지는지를 검증하였다.

[표-12]는 Model 4.에 대해 기간을 1개년, 2개년, 3개년 또는 전체 기간별로 나누어 재검증한 결과를 요약한 것이다.

## [표-12] 구분기간별 회귀분석결과

| 구분 | 년 | $\alpha_0$ | $\alpha_1$ | $\alpha_2$ | $\alpha_3$ | $\alpha_4$ | $\alpha_5$ | $\alpha_6$ | $\alpha_7$ | Adj $R^2$ | F-Value |
|---|---|---|---|---|---|---|---|---|---|---|---|
| 1년단위 | 1996 | 0.3819*** (4.91) | -0.0051 (-0.25) | -0.0869*** (-5.88) | 0.0014 (0.58) | 0.4398*** (3.15) | -0.1067 (-0.98) | -0.0201*** (-4.42) | 0.2706*** (4.93) | 0.1856 | 16.13 |
| | 1997 | 0.3129*** (4.49) | -0.0116 (-0.71) | -0.1838 (-1.37) | -0.3299*** (-12.12) | -0.0178 (-1.11) | 0.0439 (0.46) | -0.0045* (-1.84) | 0.1855*** (4.03) | 0.3075 | 33.79 |
| | 1998 | 0.3244*** (4.78) | -0.0140 (-0.82) | -0.0672*** (-5.09) | -0.0041* (-1.73) | 0.1402*** (5.11) | -0.0781 (-1.12) | -0.0058* (-1.70) | 0.1983*** (4.30) | 0.1412 | 13.23 |
| | 1999 | 0.3373*** (4.89) | -0.0484*** (-2.77) | -0.0384*** (-2.88) | -0.1625*** (-10.72) | 0.1887*** (5.73) | 0.2214*** (3.85) | -0.0018 (-0.67) | -0.0474 (-1.05) | 0.2288 | 24.19 |
| | 2000 | 0.0521 (0.92) | -0.0369** (-2.52) | -0.0097 (-0.89) | -0.0101*** (-3.38) | 0.1305*** (3.77) | 0.0818 (1.45) | -0.0062*** (-2.62) | 0.0936** (2.54) | 0.0735 | 7.29 |
| | 2001 | -0.0509 (-0.75) | -0.0648*** (-3.69) | 0.0353*** (2.72) | -0.1876*** (-10.99) | -0.0125 (-0.34) | 0.2160*** (3.62) | -0.0028 (-1.40) | 0.0924** (2.18) | 0.2435 | 25.87 |
| 2년단위 | 1996-1997 | 0.2772*** (5.00) | 0.0030 (0.22) | -0.0662*** (-6.25) | -0.0011 (-0.46) | 0.3689*** (5.28) | -0.0500 (-0.65) | -0.0058** (-2.52) | 0.2906*** (7.76) | 0.1354 | 22.99 |
| | 1998-1999 | 0.2950*** (5.85) | -0.0276** (-2.15) | -0.0569*** (-5.79) | -0.0074*** (-2.99) | 0.1349*** (6.23) | 0.0362 (0.80) | -0.0045** (-2.02) | 0.1153*** (3.45) | 0.0989 | 17.75 |
| | 2000-2001 | -0.0437 (-0.94) | -0.0498*** (-4.13) | 0.0107 (1.19) | -0.0162*** (-4.90) | 0.1010*** (3.84) | 0.1238*** (2.89) | -0.0032** (-2.01) | 0.1176*** (4.02) | 0.0810 | 14.81 |
| 3년단위 | 1996-1998 | 0.3064*** (7.14) | -0.0030 (-0.28) | -0.0676*** (-8.17) | -0.0019 (-1.14) | 0.1690*** (6.79) | -0.0725 (-1.41) | -0.0056*** (-2.95) | 0.2558*** (8.80) | 0.1330 | 33.99 |
| | 1999-2001 | 0.0541 (1.37) | -0.0486*** (-4.76) | -0.0062 (-0.81) | -0.0230*** (-6.96) | 0.1313*** (6.36) | 0.1065*** (3.10) | -0.0035** (-2.49) | 0.0897*** (3.58) | 0.0849 | 22.81 |
| 전체 | 1996-2001 | 0.1698*** (5.81) | -0.0255*** (-3.43) | -0.0356*** (-6.30) | -0.0070*** (-4.62) | 0.0478* (1.70) | 0.1349*** (8.52) | -0.0044*** (-3.95) | 0.1690*** (8.85) | 0.0820 | 41.20 |

*, **, ***은 각각 유의수준 10%($\alpha=0.1$), 5%($\alpha=0.05$), 1%($\alpha=0.01$)에서 유의적인 변수임.

1개년 단위에 대한 실증분석결과 다각화변수에 대한 계수치 $\alpha_1$의 부호는 모두 음($-$)의 값을 나타내어 앞의 연구결과와 동일하다. 그러나 1997년 IMF 외환위기를 전후한 1996년부터 1998년까지의 각 연도에 대해서는 통계적으로 유의하지 않았다. 한편 1999년부터 2001년의 각 연도에 대해서는 1%~5% 수준에서 통계적으로 유의한 결과를 나타냈다. 이러한 현상은 2년 단위와 3년 단위에 있어서도 동일한 결과를 나타내고 있다.

[표-12]에 따르면, 모형의 적합도 측면에서 1년 단위로 분석한 경우보다 2년 단위, 3년 단위, 나아가 전체 기간(6년)으로 갈수록 그 적합도가 높아지는 것을 볼 수 있다. 이는 기업의 다각화가 기업에 미치는 영향이 장기적임을 나타내는 증거가 된다.

## 3. 지분소유 주체에 따른 다각화 초과가치와의 관련성 검증

다각화 전략을 채택하는 기업의 지분을 누가 소유하고 있느냐는 다각화 의사결정에 미치는 영향이 클 것이다. 본 연구에서는 금융기관, 기타 법인, 개인이 각각 소유하고 있는 지분율의 비중이 상이하면 다각화 전략에 어떤 영향을 미치는 지를 검증하였다. 이를 검증하기 위해 Model 5.를 설계하였고, [표-13]은 실증분석결과를 요약한 것이다.

### [표-13] 지분소유 주체에 따른 다각화 초과가치와의 관계에 대한 회귀분석

Model 5.

$$EV_i = \alpha_0 + \alpha_1 \cdot DIV + \alpha_2 \cdot BANK + \alpha_3 \cdot othFIRM$$
$$+ \alpha_4 \cdot PERSON + \varepsilon_i$$

| | $\alpha_0$ | $\alpha_1$ | $\alpha_2$ | $\alpha_3$ | $\alpha_4$ | Adj $R^2$ | F-Value |
|---|---|---|---|---|---|---|---|
| Model 8. | -0.0056 (-0.54) | -0.0340*** (-4.67) | 0.0191** (2.09) | 0.0096 (0.46) | 0.0573*** (4.50) | 0.0131 | 11.62 |

*, **, ***은 각각 유의수준 10%(α=0.1), 5%(α=0.05), 1%(α=0.01)에서 유의적인 변수임.
$EV_i$ : i 기업의 산업조정 다각화 초과가치
$DIV_i$ : 다각화변수로 다각화기업의 경우는 1, 단일사업 기업의 경우는 0
BANK : 금융기관이 보유하고 있는 지분율
othFIRM : 기타 법인이 보유하고 있는 지분율
PERSON : 개인이 보유하고 있는 지분율

이 회귀분석에서도 다각화변수는 다각화 초과가치와 음(-)의 상관관계를 지니는 것으로 나타나 앞의 결과와 마찬가지로 다각화는 기업가치를 감소시키는 것으로 보인다.

그러나 지분소유 주체인 금융기관, 기타 법인, 개인 소유비율에 대한 변수의 계수치는 모두 양(+)의 값을 지니며, 금융기관변수의 계수치 $\alpha_2$는 5%, 개인에 대한 변수의 계수치 $\alpha_4$는 1% 수준에서 유의하게 나타났지만, 기타 법인에 대한 변수의 계수치 $\alpha_3$은 통계적으로 유의하지는 않았다.

각 계수치의 기업가치에의 민감도는 개인, 금융기관, 기타 법인의 순으로 크게 나타났다. 이는 개인이 보유하고 있는 지분율이 클수록 다각화 초과가치에 더 긍정적인 영향을 미치는 것으로 분석된다. 이러한 결과는 다각화기업의 경영의사결정에 대해 더 적은 정보를 가진 외부주주일수록 다각화 전략에 보다 더 큰 위험을 느끼게 되고 더 신중한 태도를 보이는 것으로 보이며, 많은 정보를 가질수록 덜 민감하게 반응하는 경향이 있다는 것을 의미한다.

앞의 [표-11]과 [표-13] 모두의 경우, 소유지분율과 다각화 초과가치는 양(+)의 값을 보이는 일치된 결과를 보이고 있다. 지분율이 높을수록 다각화에 더 신중한 태도로 반응하는 경향이 있음을 알 수 있다.

## 4. 다각화 공시에 대한 시장반응

기업의 다각화 공시에 대해 자본시장에서 투자자들이 어떻게 반응하는지 분석하기 위하여 증권거래소 공시실 자료를 이용하여 사건연구(event study)를 실시하였다. 먼저 다각화 유형에 관계없이 기업의 다각화 공시에 대해 공시일 전후 ±20일간에 대한 평균 초과수익률(AAR)과 누적평균 초과수익률(CAR)을 계산하였다. 그리고 다각화 유형에 따른 자본시장의 반응 차이를 검증하기 위하여 다각화 유형별 즉, 관련다각화와 비관련다각화로 구분하여 각각에 대해 평균 초과수익률(AAR)과 누적평균 초과수익률(CAR)을 계산하였다.

또한 평균 초과수익률과 누적평균 초과수익률 각각에 대한 t-test를 실시하여 일자별로 평균값과 유의적인 차이검증을 실시하였다.

아래 [그림-1]은 다각화 공시에 대한 자본시장의 반응에 대한 검증결과를 나타낸다.

112

[그림-1] 다각화 공시에 대한 시장반응

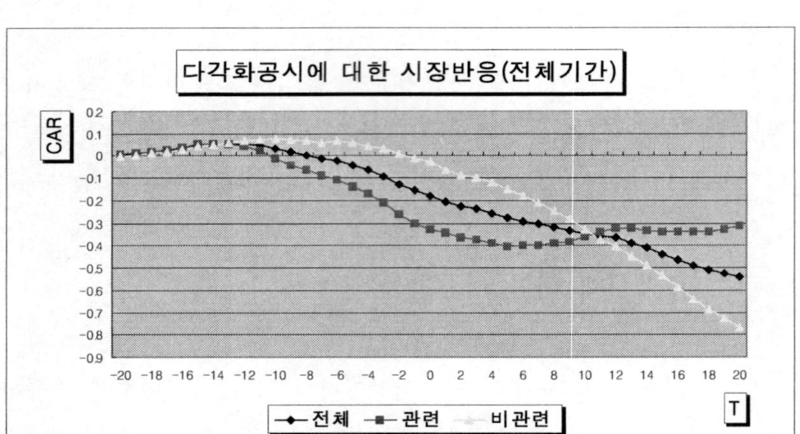



[그림-1]에 따르면, 기업의 다각화 투자공시일(t=0) 이전부터 지속적인 음(-)의 초과수익을 보임으로써 지속적인 주가의 하락을 나타내고 있다. 이는 기업의 다각화에 대한 투자자들의 부정적인 시각을 반영한 것으로, 본 연구에서 다각화의 기업가치 관련성 연구결과와 일치하는 것으로 나타났다. 이 결과는 기업의 다각화에 대해 투자자들은 기업가치가 하락할 것으로 예상하고 있음을 의미한다.

다각화 공시정보가 주가에 미쳤을 영향을 살펴보기 위해 [그림-1]에서 관련다각화의 경우, 공시일 전 20일(t=-20)에서 공시일(t=0)까지 누적 비정상 초과수익률은 0.58%에서 -32.96%로 -33.54% 하락하였다. 한편 관련다각화기업들의 평균 베타(β)는 0.738621이고, 평균 시장수익률은 -0.59177%에서 -3.4044%로 -2.81263% 하락하였으므로, -2.077% 정도 하락될 것으로 예상된다. 그러므로 두 수익률 간의 차이는 -31.463%로 상당히 크게 나타나고 있다.

비관련다각화의 경우, 공시일 전 20일(t=-20)에서 공시일(t=0)까지 누적비정상 초과수익률은 −0.01%에서 −2.95%로 −2.94% 하락한 것으로 나타났다. 한편 비관련다각화기업들의 평균 베타($\beta$)는 0.810385이고, 평균 시장수익률은 위와 동일하게 −2.81263%이므로, −2.279% 하락할 것으로 예상된다. 두 수익률 간의 차이는 −0.661%로 비교적 적다.

위 결과 비관련다각화의 경우에는 관련다각화에 비해 상당히 작은 수익률의 차이를 나타내고 있음을 볼 수 있다. 이는 투자자들이 상대적으로 관련다각화에 비해 비관련다각화를 더 긍정적으로 받아들이고 있음을 의미한다. [그림-1]에서도 관찰되듯이 관련다각화의 경우는 급한 기울기를 보이는 반면, 비관련다각화의 경우는 상대적으로 완만한 기울기를 보이고 있음을 알 수 있다. 이러한 결과는 구맹회와 김병곤(1999)의 연구에서 비관련다각화기업의 가치가 관련다각화기업의 가치보다 높게 나타난 것과 일치하는 결과라 할 수 있다.

114

## [표-14] 다각화 시장공시에 대한 시장반응 - 초과수익률(CAR)

| T | TCAR | T-value | RCAR | T-value | UCAR | T-value |
|---|---|---|---|---|---|---|
| -20 | 0.0024 | 0.35 | 0.0058 | 0.45 | -0.0010 | -0.26 |
| -19 | 0.0073 | 0.60 | 0.0127 | 0.84 | 0.0020 | 0.14 |
| -18 | 0.0163 | 0.91 | 0.0200 | 1.08 | 0.0126 | 0.98 |
| -17 | 0.0222 | 1.13 | 0.0283 | 0.38 | 0.0161 | 1.23 |
| -16 | 0.0320 | 1.25 | 0.0383 | 0.99 | 0.0257 | 1.22 |
| -15 | 0.0467 | 1.50 | 0.0521 | 1.04 | 0.0413 | 1.06 |
| -14 | 0.0510 | 1.24 | 0.0540 | 1.67* | 0.0483 | 1.11 |
| -13 | 0.0550 | 0.56 | 0.0522 | 1.11 | 0.0582 | 0.67 |
| -12 | 0.0553 | 0.89 | 0.0413 | 0.75 | 0.0703 | 0.79 |
| -11 | 0.0476 | 0.86 | 0.0239 | 1.01 | 0.0725 | 1.36 |
| -10 | 0.0305 | 0.98 | -0.0145 | -1.11 | 0.0762 | 1.30 |
| -9 | 0.0151 | 0.74 | -0.0420 | -1.54 | 0.0728 | 1.13 |
| -8 | 0.0006 | 0.35 | -0.0657 | -1.65 | 0.0677 | 1.61 |
| -7 | -0.0150 | -1.98* | -0.0876 | -1.10 | 0.0584 | 1.99* |
| -6 | -0.0218 | -1.22 | -0.1086 | -0.98 | 0.0662 | 1.67* |
| -5 | -0.0416 | -0.90 | -0.1414 | -2.94*** | 0.0594 | 1.45 |
| -4 | -0.0646 | -2.21** | -0.1711 | -2.24** | 0.0432 | 0.86 |
| -3 | -0.0916 | -2.05** | -0.2127 | -3.30*** | 0.0309 | 1.24 |
| -2 | -0.1277 | -1.76* | -0.2608 | -1.98* | 0.0067 | 1.45 |
| -1 | -0.1563 | -2.33** | -0.3004 | -1.89* | -0.0112 | -1.98* |
| 0 | -0.1800 | -1.82* | -0.3296 | -3.23*** | -0.0295 | -2.13** |
| 1 | -0.2055 | -1.94* | -0.3447 | -1.96* | -0.0657 | -1.77* |
| 2 | -0.2251 | -0.98 | -0.3609 | -0.97 | -0.0889 | -1.46 |
| 3 | -0.2364 | -1.54 | -0.3725 | -0.56 | -0.0999 | -1.25 |
| 4 | -0.2543 | -1.66 | -0.3872 | -1.35 | -0.1210 | -0.97 |
| 5 | -0.2774 | -0.88 | -0.4033 | -1.45 | -0.1509 | -1.24 |
| 6 | -0.2894 | -0.82 | -0.3980 | -0.53 | -0.1802 | -1.11 |
| 7 | -0.3027 | -1.24 | -0.3957 | -0.95 | -0.2091 | -1.06 |
| 8 | -0.3173 | -1.55 | -0.3895 | -1.13 | -0.2445 | -1.14 |
| 9 | -0.3318 | -1.69* | -0.3808 | -1.06 | -0.2821 | -1.55 |
| 10 | -0.3450 | -1.36 | -0.3586 | -1.43 | -0.3291 | -2.77** |
| 11 | -0.3554 | -0.89 | -0.3374 | -0.74 | -0.3713 | -2.14** |
| 12 | -0.3641 | -1.10 | -0.3209 | -0.87 | -0.4057 | -1.83* |
| 13 | -0.3880 | -1.21 | -0.3236 | -1.89* | -0.4503 | -0.64 |
| 14 | -0.4100 | -0.54 | -0.3310 | -1.34 | -0.4869 | -0.98 |
| 15 | -0.4375 | -0.69 | -0.3384 | -1.11 | -0.5340 | -1.12 |
| 16 | -0.4619 | -1.09 | -0.3377 | -0.67 | -0.5840 | -1.03 |
| 17 | -0.4893 | -1.15 | -0.3352 | -1.04 | -0.6429 | -0.99 |
| 18 | -0.5117 | -0.97 | -0.3371 | -0.67 | -0.6863 | -1.65 |
| 19 | -0.5261 | -0.63 | -0.3248 | -1.60 | -0.7261 | -2.13** |
| 20 | -0.5419 | -0.74 | -0.3114 | -1.05 | -0.7697 | -1.48 |

주) * ** ***은 각각 유의수준 10%, 5%, 1%에서 유의적임을 의미함.

[그림-2] 다각화 공시에 대한 시장반응(AR) - 전체 표본

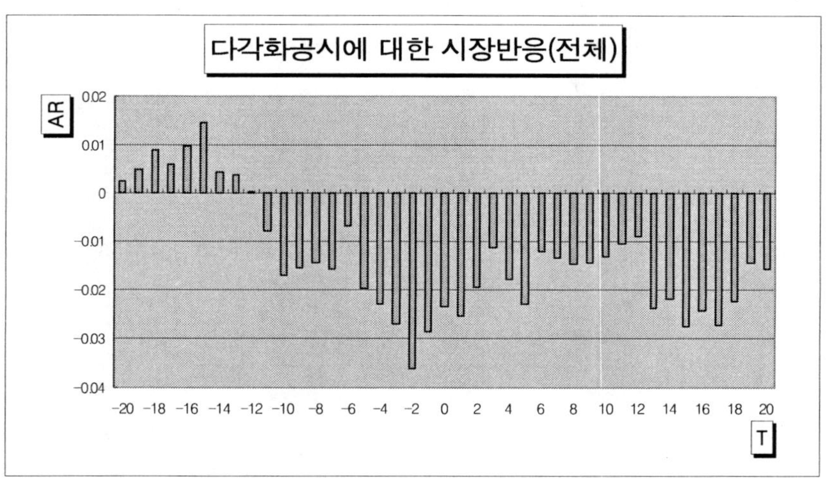



위 [그림-2]는 다각화 공시를 한 기업들의 공시일자별 비정상 초과수익률(AR)을 보여주고 있다. 기업의 다각화 공시에 대한 정보가 반영될 것으로 예상되는 공시일 전 t= -20일에서 공시일 t=0까지의 초과수익률의 변화율은 10.9%로 일평균 약 0.52%를 나타냈다. 특히 유의적인 초과수익률을 보인 t= -5일에서 t=0 동안의 초과수익률의 변화율은 19.7%로 상당히 큰 변화를 보이고 있다. 이는 기업의 다각화 공시에 대해 자본시장은 매우 효율적으로 반응하고 있으며, 특히 공시일 전 4~5일 전에 공시에 대한 효과가 모두 반영되고 있다는 것을 의미한다.

한편 공시일 전 t= -15일 전부터 뚜렷한 감소를 보이는 반면, 공시일 이후에는 일정한 추세로 증가하는 것으로 나타났지만 통계적으로 유의하지는 않았다. 그러므로 투자자들은 기업의 다각화에 대해 부정적으로 반응함으로써 이는 기업가치를 하락시키는 것으로 분석된다.

공시일을 전후하여 t= -2일경부터 지속적인 증가양상을 보이는 것은 투자자들의 관련다각화와 비관련다각화에 대한 반응이 다르고, 이러한

실증적인 증거는 다음에 제시되는 [그림-3]과 [그림-4]에서 관측된다. 즉, 비관련다각화의 경우에는 공시일 전이나 후에 관계없이 지속적인 감소추세를 보이는 반면, 관련다각화의 경우에는 공시일 전 t = −2일부터 상당한 수준으로 증가하는 반전을 경험하고 있다. 그러나 공시일 이후의 이러한 반응은 통계적으로 유의적이지 않다.

### [그림-3] 다각화 공시에 대한 시장반응(AR) − 관련다각화

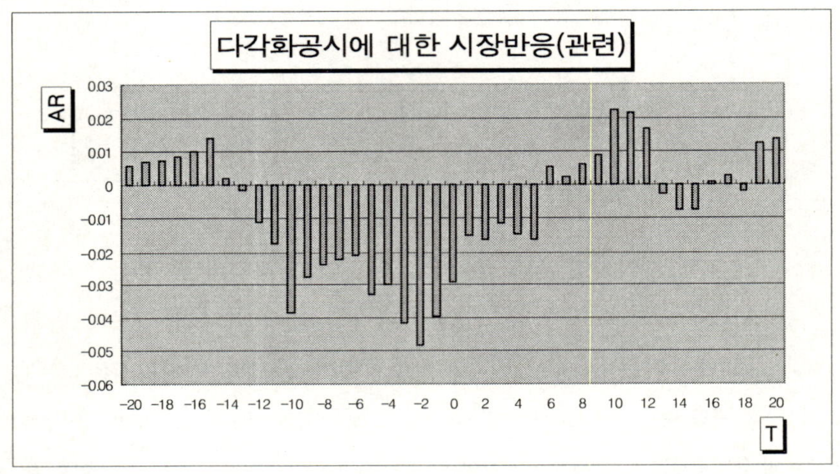


위 [그림-3]은 관련다각화를 공시한 기업들의 일자별 비정상 초과수익률의 추세를 보여주고 있다. 관련다각화를 공시한 기업은 공시일 전 t = −2일까지 급격한 감소의 추세를 보이고 있으며, 특히 공시일과 공시일 전후의 t = ±2일의 경우에만 통계적으로 유의한 것으로 나타났다. 그러므로 공시일 이후의 급격한 증가추세는 기업의 다각화 전략과는 직접적인 상관성을 찾을 수 없다. 관련다각화기업에 대한 투자자들의 이러한 반응은 비관련다각화와는 구별되는 양상을 보이고 있다.

[그림-4] 다각화 공시에 대한 시장반응(AR) - 비관련다각화

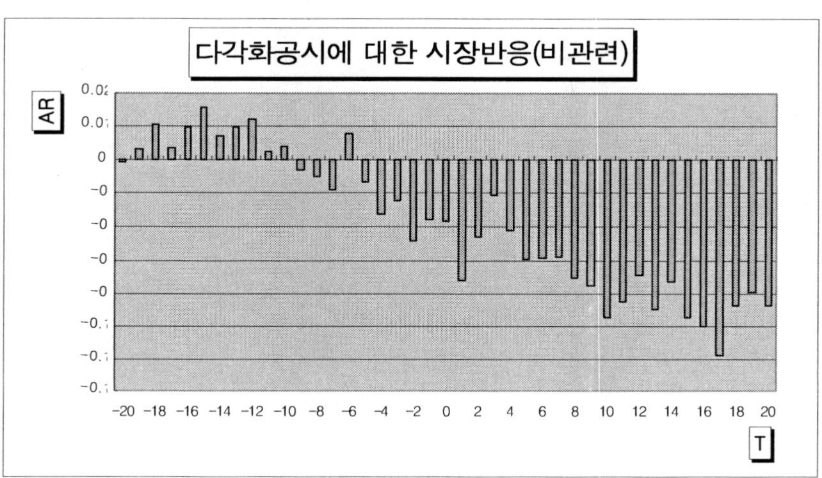


위 [그림-4]는 비관련다각화를 공시한 기업들의 일자별 비정상 초과수익률을 보여주고 있다. 비관련다각화의 경우는 관련다각화를 공시한 기업과는 일자별 초과수익률이 다른 양상을 보여주고 있다. 즉, 공시일 전부터 공시일 이후에 이르기까지 초과수익률의 감소폭이 증가하고 있음을 보여준다.

특히 [표-15]에서 보는 바와 같이, 공시일 전과 공시일 그리고 공시 이후 약 7일간 정도의 초과수익률의 변화는 통계적 유의성이 없는 것으로 보이며, 공시 후 $t = +8$일 이후에는 통계적 유의성이 있는 것으로 나타나고 있다. 이런 현상은 관련다각화에서 나타나고 있는 자본시장의 효율성에 대한 이상현상으로 분석된다.

[그림-5] 다각화 공시에 대한 시장반응(AR) - 종합

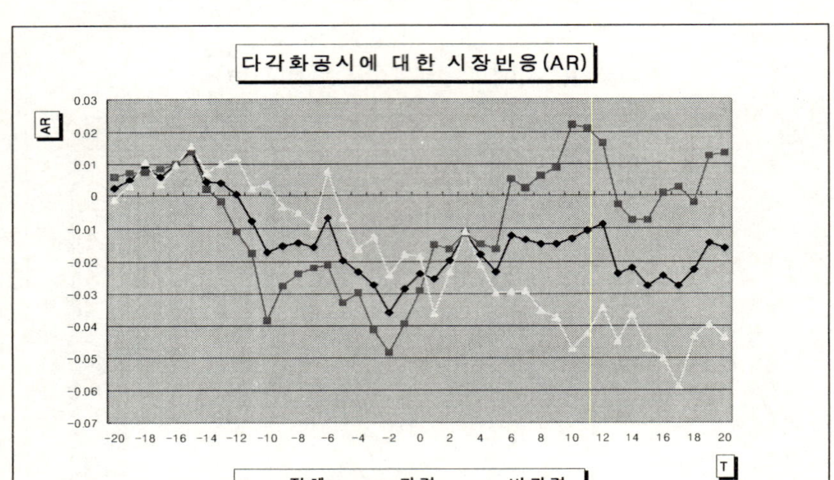


위 [그림-5]는 [그림-2]~[그림-4]를 종합하여 하나의 그림으로 나타낸 것이다. 위 [그림-5]에 따르면, 관련다각화의 경우는 초과수익률의 감소율이 공시일 전 1~2일 전까지 지속적으로 증가하다가 그 이후의 기간에는 감소율이 점차 감소함으로써 V자형 그래프를 그리고 있다. 그러나 비관련다각화의 경우는 그 감소율이 계속적으로 증가하여 우하향하는 그래프를 그리고 있다. 그러므로 관련다각화의 경우는 비관련다각화에 비해 초과수익률의 변동이 큰 것으로 분석된다.

## [표-15] 다각화 시장공시에 대한 시장반응 – 초과수익률(AR)

| T | 전체 | T-value | 관 련 | T-value | 비관련 | T-value |
|---|---|---|---|---|---|---|
| -20 | 0.0024 | 0.47 | 0.0058 | 0.81 | -0.0010 | -0.13 |
| -19 | 0.0049 | 0.63 | 0.0069 | 0.61 | 0.0029 | 0.27 |
| -18 | 0.0090 | 0.99 | 0.0073 | 0.55 | 0.0106 | 0.84 |
| -17 | 0.0059 | 0.62 | 0.0083 | 0.63 | 0.0035 | 0.25 |
| -16 | 0.0098 | 0.91 | 0.0100 | 0.70 | 0.0096 | 0.59 |
| -15 | 0.0147 | 1.18 | 0.0138 | 0.84 | 0.0156 | 0.82 |
| -14 | 0.0043 | 0.37 | 0.0019 | 0.12 | 0.0069 | 0.40 |
| -13 | 0.0039 | 0.32 | -0.0018 | -0.11 | 0.0099 | 0.54 |
| -12 | 0.0004 | 0.03 | -0.0109 | -0.63 | 0.0122 | 0.63 |
| -11 | -0.0078 | -0.64 | -0.0174 | -1.14 | 0.0022 | 0.11 |
| -10 | -0.0171 | -1.45 | -0.0384 | -3.01*** | 0.0037 | 0.19 |
| -9 | -0.0154 | -1.25 | -0.0274 | -1.65 | -0.0034 | -0.19 |
| -8 | -0.0144 | -1.16 | -0.0238 | -1.31 | -0.0051 | -0.30 |
| -7 | -0.0157 | -1.16 | -0.0219 | -1.09 | -0.0093 | -0.51 |
| -6 | -0.0067 | -0.49 | -0.0210 | -1.12 | 0.0078 | 0.39 |
| -5 | -0.0198 | -1.63 | -0.0329 | -2.23** | -0.0068 | -0.35 |
| -4 | -0.0230 | -2.05** | -0.0297 | -2.27** | -0.0162 | -0.89 |
| -3 | -0.0271 | -2.50** | -0.0415 | -3.31*** | -0.0123 | -0.70 |
| -2 | -0.0361 | -3.22*** | -0.0482 | -3.64*** | -0.0242 | -1.35 |
| -1 | -0.0286 | -2.63** | -0.0396 | -2.93*** | -0.0179 | -1.05 |
| 0 | -0.0237 | -1.92* | -0.0292 | -1.88* | -0.0183 | -0.95 |
| 1 | -0.0255 | -2.20** | -0.0150 | -0.98 | -0.0362 | -2.08** |
| 2 | -0.0196 | -1.69* | -0.0162 | -1.02 | -0.0232 | -1.35 |
| 3 | -0.0113 | -0.83 | -0.0116 | -0.63 | -0.0109 | -0.53 |
| 4 | -0.0179 | -1.26 | -0.0147 | -0.74 | -0.0211 | -1.02 |
| 5 | -0.0231 | -1.64 | -0.0161 | -0.82 | -0.0299 | -1.46 |
| 6 | -0.0120 | -0.82 | 0.0053 | 0.24 | -0.0293 | -1.49 |
| 7 | -0.0133 | -0.90 | 0.0023 | 0.10 | -0.0290 | -1.43 |
| 8 | -0.0146 | -0.98 | 0.0062 | 0.28 | -0.0354 | -1.81* |
| 9 | -0.0145 | -0.95 | 0.0087 | 0.38 | -0.0376 | -1.88* |
| 10 | -0.0132 | -0.84 | 0.0222 | 0.98 | -0.0470 | -2.28** |
| 11 | -0.0105 | -0.65 | 0.0212 | 0.87 | -0.0422 | -2.11** |
| 12 | -0.0087 | -0.54 | 0.0165 | 0.68 | -0.0344 | -1.66 |
| 13 | -0.0239 | -1.54 | -0.0027 | -0.12 | -0.0447 | -2.12** |
| 14 | -0.0220 | -1.44 | -0.0074 | -0.33 | -0.0366 | -1.76* |
| 15 | -0.0275 | -1.67* | -0.0074 | -0.32 | -0.0470 | -2.05** |
| 16 | -0.0244 | -1.49 | 0.0007 | 0.03 | -0.0500 | -2.33** |
| 17 | -0.0274 | -1.64 | 0.0026 | 0.10 | -0.0588 | -2.76*** |
| 18 | -0.0224 | -1.36 | -0.0020 | -0.08 | -0.0434 | -2.21** |
| 19 | -0.0144 | -0.82 | 0.0123 | 0.45 | -0.0398 | -1.82* |
| 20 | -0.0158 | -0.84 | 0.0134 | 0.46 | -0.0436 | -1.85* |

주) * ** ***은 각각 유의수준 10%, 5%, 1%에서 유의적임을 의미함.

[그림-6] 다각화 공시 시장반응 - 3개년씩 부기 간으로 구분
분석결과(1996-1998)

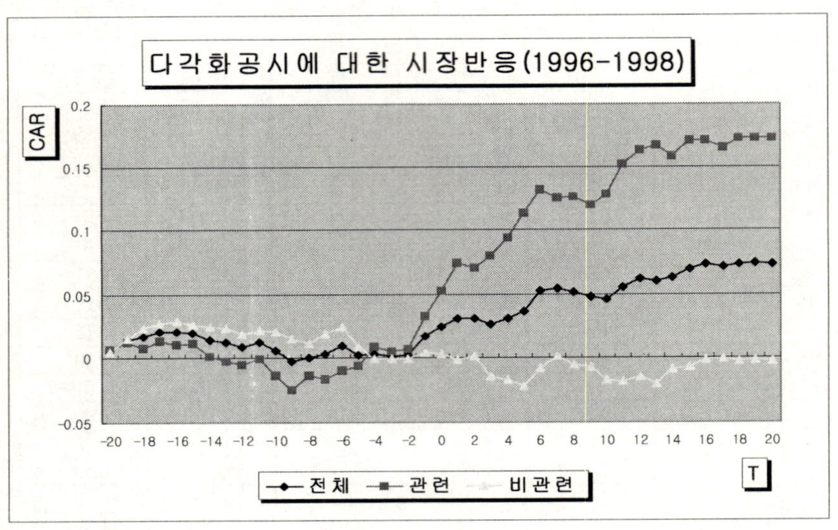


위 [그림-6]은 다각화 공시에 대한 시장반응을 3개년씩 두 개의 부기 간으로 구분하여 분석한 일자별 누적평균 초과수익률의 추세를 나타낸다. 위 그림에 따르면 1996년부터 1998년의 3개년으로 다각화 공시에 대해 전반적으로 시장의 반응이 긍정적임을 보여주고 있다. 이는 다각화 공시가 기업가치를 증가시킨다는 것으로 의미하는 것으로 국외 논문에서 보여주고 있는 결과와 동일한 결과를 보여주고 있다. 즉, 위 부기 간 동안(1996-1998)의 연구들은 주로 다각화가 기업가치를 증가시키며, 이러한 결과는 국내 기업들을 대상으로 한 경우도 동일한 결과를 도출한 것으로 해석된다.

특히 관련다각화의 경우는 다각화 공시 약 5~6일 전(t = -5~6)부터 유의적인 누적초과수익률이 증가하는 것으로 나타나고 있으며, 반면에 비관련다각화의 경우는 완만한 기울기로 감소하는 추세를 보이고 있다.

위 시기는 IMF 외환 위기를 겪던 시기로 불안정한 경기에도 불구하고 다각화 전략을 추진하는 것은 기업의 내부적인 상황이 안정적이라고 생각하는 투자자들의 긍정적인 기대를 반영한 것으로 해석된다.

[그림-7] 다각화 공시 시장반응-3개년씩 부기 간으로
구분 분석결과(1999-2001)

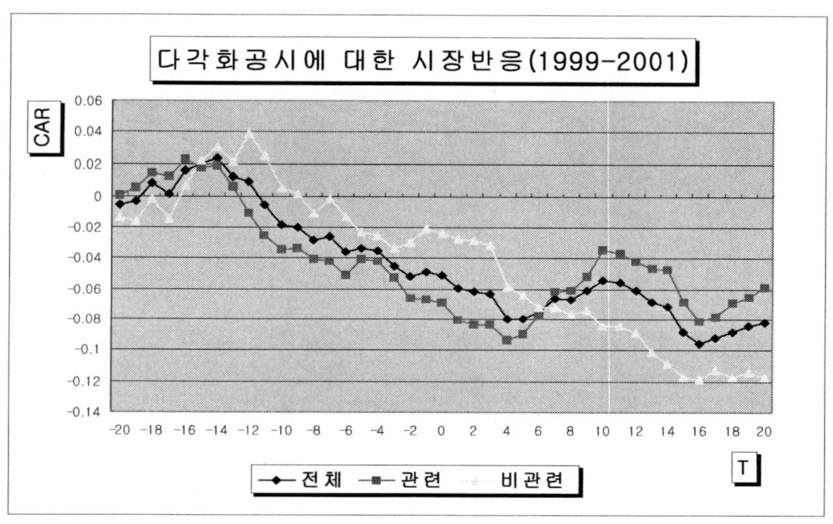


위 [그림-7]은 1999년부터 2001년에 이르는 3개년간의 다각화 공시에 대한 시장반응의 효과를 나타낸 것이다. 위 [그림-7]에 따르면, 기업의 다각화 공시는 자본시장에서 부정적인 반응을 초래하고 있는 것으로 평가된다. [그림-7]은 [그림-6]과는 상반된 결과를 보이고 있는데, 이는 최근의 국내·외 다각화연구의 결과와 일치되는 것으로, 다각화 전략은 기업가치를 하락시키는 것으로 분석된다.

특히 관련다각화의 경우는 비관련다각화에 비해 투자자들의 부정적인 반응이 더 큰 것으로 분석되며 이러한 추세는 [그림-7]에서 관련다

각화기업의 추세가 더 급한 기울기를 갖는 것으로부터 알 수 있다. 이러한 결과는 본 연구의 전절에서 기업의 다각화 유형에 대한 투자자들의 반응연구결과와도 동일한 결과를 보이고 있다.

# Ⅵ. 결 론

기업의 장기적인 생존과 성장을 추구하며, 기업의 가치를 극대화시키기 위한 노력의 일환으로 오랫동안 중요한 경영전략의 하나로 간주되고 있는 기업다각화에 대한 국내 기업을 대상으로 한 연구는 부족한 실정이다. 특히 대기업집단을 대상으로 한 연구는 찾아볼 수 있지만, 개별 기업을 대상으로 한 연구는 거의 없으며, 이러한 다각화로 인한 자본시장의 반응을 살펴본 연구는 찾아보기 힘들다.

한편 다각화는 기존의 사업뿐만 아니라 기업 전체적의 수익성과 위험에 중대한 영향을 초래하여 결국은 기업가치의 변화를 초래한다. 그러나 지금까지의 연구는 연구자에 따라 그 연구결과에 대한 상당한 이견을 초래하였다. 특히 기업다각화와 관련된 국내 연구의 방향은 다각화와 기업성과 사이의 관계를 분석하는 데에서 출발하여 점차 다각화 결정요인을 분석하는 방향으로 전개되었으며, 기업 전체의 가치에 대한 영향과 자본시장에 대한 분석은 부족한 실정이다.

또한 최근 미국의 연구는 다각화의 동기를 대리인의 관점에서 파악하려는 연구가 많이 진행되고 있다. 이에 기업다각화의 기업가치 관련성에 대한 일치되는 의견을 제시하지 못한 상태에서 다각화의 동기를 대리인 이론의 관점에서 분석하려는 움직임이 국내의 연구에서도 소수 찾아볼 수 있다.

본 연구에서는 먼저 국내 상장기업을 대상으로 기업다각화의 기업가치 관련성을 개별 기업차원에서 살펴보고, 다각화 이후 회계적 성과에 어떤 변화가 있는지 검증하였다. 또한 외부환경의 변화에 대한 영향이 컸던 IMF 구제금융체제 전후기간에 대한 다각화의 가치 관련성을 비교하였다. 미국의 경우 과거에는 기업다각화가 기업가치를 증가시킨다는 결과가 주를 이루었지만, 최근의 연구는 감소시키는 결과를 가져왔다. 그래서 본 연구를 통해 기업환경 변화가 심했던 최근 6년간에도 이러한 결과가 초래되고 있는지를 분석하고자 하였다.

본 연구결과 미국의 경우와 마찬가지로 국내 기업의 다각화는 기업가치를 감소시키는 것으로 나타났다. 특히 기업규모가 크고, 부채비율이 높고, 영업활동으로 인한 현금흐름의 변동이 큰 기업이 다각화를 추진할수록 기업가치는 더욱 감소하는 것으로 나타났다. 그리고 3개년씩 부기간으로 구분한 결과 1996년부터 1998년(제1부기 간)의 3개년 동안에는 평균적으로 다각화로 인한 기업가치의 증가를 나타냈고, 1999년부터 2001년(제2부기간)의 3개년 동안은 기업가치가 감소한 것으로 나타났다. 그러나 제1부기간의 경우 증가폭은 미미했던 반면, 제2부기간의 감소폭은 지속적인 급한 기울기를 가지는 것으로 나타났다. 또한 다각화 이후의 회계적 성과치(ROE)도 감소하는 것으로 나타나 최근 국내 기업의 다각화는 기업에 부정적인 효과를 가져오는 것으로 나타났다.


본 연구의 두 번째 분석은 다각화의 동기로 대리인문제의 관점에서 살펴보았다. 기업가치를 감소시킨다는 최근 미국의 연구결과에도 불구하고 꾸준히 다각화를 추진하는 중요한 이유는 기업가치를 고려하지 않은 비경제적인 목적의 의사결정의 일환으로 다각화가 추진될 가능성이 있다. 그래서 최근에 관심이 고조되고 있는 대리인문제의 관점에서 한국기업의 다각화 전략을 분석하였다.

실증분석결과, 대리인문제의 경우 소유지분이 소유경영자에게 집중도가 높을수록 다각화 초과가치는 증가하는 것으로 나타나 소유집중도가 높은 기업의 다각화는 기업가치를 증가시키고, 소유집중도가 낮은 기업의 다각화는 대리인의 문제를 초래하여 기업가치를 감소시키는 것으로 나타났다.

본 연구의 세 번째 분석은 기업의 다각화 공시에 대한 자본시장의 반응을 살펴봄으로써 다각화의 가치 관련성과 자본시장의 효율성을 검증하였다.

시장반응을 분석한 결과, 비관련다각화의 경우 관련다각화보다 상대적인 기업가치 감소효과가 적은 것으로 나타나, 투자자들은 기업의 다각화 유형 중 비관련다각화에 대해 보다 더 긍정적인 반응을 보이고 있는 것으로 분석되었다. 이는 다각화의 효과로 시너지효과나 시장 확장효과보다는 위험분산의 효과를 더 선호하는 것으로 분석된다.

이상의 연구결과를 종합하면, 최근 한국기업의 다각화는 기업가치를 감소시키는 결과를 초래하였고, 자본시장에서의 반응도 동일하게 나타났다. 특히 기업규모가 크고, 부채비율이 높고, 영업활동으로 인한 현금흐름의 변동이 크며, 지분이 소유경영자에게 집중된 비율이 낮은 기업이 다각화를 추진할 경우 기업가치는 더 감소하는 것으로 나타났다. 그리고 다각화의 유형 면에서는 비관련다각화를 추진하는 경우가 관련다각화에 비해 더 높은 효과를 보이는 것으로 나타났다.

# 참고문헌


[硏究論文 및 書籍-國內]

구맹회·김병곤, 1999, "대리인문제와 기업다각화가 기업가치에 미치는 영향에 관한 실증연구", 재무관리연구(제16권 제2호): pp.1-25.

김권중, 1998, "베타 및 시장위험프리미엄 측정과 시장수익률 대용치의 선택", 회계학연구(제23권 제4호): pp.139-159.

김복기, 1984, "기업의 다각화 전략이 경영성과에 미치는 영향에 관한 연구", 서울대학교 대학원 석사학위논문: pp.6-7.

윤영섭·김성표, 1999, "사업다각화와 대리인문제가 기업가치에 미치는 영향", 재무연구(제12권 제1호) 한국재무학회: pp.1-37.

정구현, 1999, "한국기업의 다각화 전략과 국제경쟁력", 한국경제연구원.

조동성, 1990, "한국재벌연구", 매일경제연구소.

조일흠·이성규, 1987, "한국 기업그룹의 다각화 전략 연구", 한국경제연구원.

홍재범·황규승, 1997, "한국기업의 다각화와 경제적 성과에 대한 연구", 경영학 연구(제26권 제3호) 한국경영학회: pp.493-511.

상장회사협의회, 「상장회사총람」, 1997년판.

[硏究論文 및 書籍-外國]

Amit, R., J. Livnat, 1988, "Diversification and the risk-return tradeoff", *Academy of Management Journal*, Vol. 31: pp.154-166.

Amihud, Yakov, and Baruch Lev, 1981, "Risk reduction as a managerial motive for conglomerate mergers", *Bell Journal of Economics* 12: pp.605-617.

Ansoff, H. I., 1965, "Corporate Strategy, McGraw-Hill Book Company": pp.128.

Berger, P. G., Ofek, E., 1995, "Diversification's effect on firm value", *Journal of Financial Economics* 37: pp.39-65.

Chandler, Alfred D., 1977, "The visible hand"(Bellnap Press, Cambridge, Mass.)

Chatterjee. S, and Wernerfelt. B, 1991, "The Link between Resources and Type of Diversification: Theory and Evidence", *Strategic Management Journal,* Vol. 12: pp.33-48.

Constantinos C. Markides and Christopher D. Ittner. 1994, "Shareholder Benefits from Corporate International Diversification: Evidence from U.S. International Acquisitions", *Journal of International Business Studies*: pp.343-366.

David J. Denis, David K. Denis and Atulya Sarin, 1997, "Agency problems, equity ownership and corporate diversification", *Journal of Finance* 52: pp.135-160.

Gort, M. 1975, "Diversification and Integration in American Industry", Princeton University Press.

Grant Robert M, Jammine Azar P. and Thomas Howard, 1988, "Diversity, Diversification, and Profitability among British Manufacturing Companies, 1972-84", *Academy of Management Journal,* 31, 4: pp.771-801.

Hoskisson Robert E, 1987, "Multidivisional Structure and Performance: The Contingency of Diversification Strategy", *Academy of Management Jouranl,* Vol 30, No.4: pp.625-644.

Hoskisson, R. E., &Turk, T. A, 1990, "Corporate restructuring: Governance and control limits of the internal capital market".

Jensen, M. C., & Meckling, W. H., 1976, "Theory of the Firm: Managerial behavior, agency costs and ownership structure": pp.305-360.

Khanna, Tarun, and Krishna Palepu, 2000, "Is group affiliation profitable in emerging markets: An analysis of diversification Indian business groups", *Journal of Finance* 55.

Lang, Larry H. P., and Rene M. Stulz, 1994, "Tobin's q, corporate diversification and firm performance", *Journal of Political Economy* 102: pp.1248-1280.

Lewellen, Wilbur, 1971, "A pure financial rationale for the conglomerate merge", *Journal of Finance* 26.: pp.521-537.

Liebeskind, Julia P., and Tim C. Opler, 1994, "Corporate diversification and agency costs: Evidence from privately held firms", Working paper, Ohio State University.

Lindenberg, E. B. and S. A. Ross, 1981, "Tobin's q ratio and industrial organization", *Journal of business*, 54.: pp.1-32.

Markides C. C and Williamson P. J, 1994, "Related Diversification, Core Competences and Corporate Performance", *Strategic Management Journal*, Vol. 15: pp.149-165.

Montgomery, C. A., & Warnerfelt, B., 1988, "Diversification strategy and systematic risk."

Meyer, M., P. Milgrom and J. Roberts, 1992, "Organizational prospects, influence costs and ownership changes", *Journal of Economics and Management Strategy* 1.: pp.9-35.

Myers, Stewart C., 1977, "Determinant of corporate borrowing", *Journal of Financial Economics* 5.: pp.147-175.

Nayyar, P.R., 1993, "Stock market reactions to related diversification moves by service firms seeking benefits from information asymmetry and economics of scope", *Strategic Management Journal.*: pp.469-491.

Palepu Krishna, 1985, "Diversification Strategy, Profit, Performance and the Entropy Measure", *Strategic Management Journal,* Vol. 6: pp.239-255.

Prahalad, C. K., & Bettis, R.A., 1986, "The Dominant logic: A new linkage between diversity and performance".

Rene M. Stulz, 1990, "Managerial discretion and optimal financing policies", *Journal of Financail Economics* 26: pp.3-27.

Robert Comment, and Gregg A. Jarrell, 1995, "Corporate focus and stock returns", *Journal of Financial Economics* 37: pp.67-87.

Rumelt, R. R., 1974, "Strategy, Structure and Economic performance", Harvard University Press, Cambridge. MA.

Rumelt. R. P, 1982, "Diversification Strategy and Profitability", *Strategy Management Journal,* Vol. 3: pp.359-369.

Servaes, Henri, 1996, "The value of diversification during the conglomerate merger wave", *Journal of Finance* 51: pp.1201-1225.

Shleifer, Andrei and Robert Vishny, 1989, "Managerial entrenchment: The case of manager-specific investment", *Journal of Financial Economics* 25: pp.123-139.

Steinter, G. A., 1969, "Strategic Factors in Business Sucess, New York", Financial Executives Research Foundation.

**· 저자 ·**

**최영문** · 약 력 ·

(崔英文) 경희대학교 경영대학 회계학과 졸업
경희대학교 대학원 경영학 석사
경희대학교 대학원 경영학 박사

경희대, 서울시립대, 한국외국어대 강사
경복대학 외래교수


· 주요논저 ·

「한국기업의 IMF 구제금융체제 전후의 기업도산 예측변수에 관한 비교연구」
「거래소 및 코스닥 등록기업의 회계이익 시계열 행태에 관한 연구」
「주식교부형 주식매입선택권 보상원가에 관한 연구」
「주식매입선택권에 관한 사례연구 및 분석」
「의제배당 과세여부에 따른 무상주배분의 효과에 관한 연구」
「IT산업의 전략적 제휴의 경제적 성과에 관한 연구」
「기업의 투자결정과 미래초과이익」
「다각적 기업운영의 주식가치관련성 연구」
「현행기업분할 과세제도에 고찰 및 개선방안」
외 다수




## 다각화 전략은 기업가치에 어떤 영향을 미치는가?

| | |
|---|---|
| · 초판 인쇄 | 2006년 1월 30일 |
| · 초판 발행 | 2006년 1월 30일 |
| · 지 은 이 | 최영문 |
| · 펴 낸 이 | 채종준 |
| · 펴 낸 곳 | 한국학술정보㈜ |
| | 경기도 파주시 교하읍 문발리 526-2 |
| | 파주출판문화정보산업단지 |
| | 전화 031) 908-3181(대표) · 팩스 031) 908-3189 |
| | 홈페이지 http://www.kstudy.com |
| | e-mail(e-Book사업부) ebook@kstudy.com |
| · 등 록 | 제일산-115호(2000. 6. 19) |
| · 가 격 | 8,000원 |

ISBN　89-534-3333-9 93320 (Paper Book)
　　　　89-534-3334-7 98320 (e-Book)